差异教学视域中的小学"幸福成长课程"构建理论研究与实践探索

青岛燕儿岛路第一小学　编著

中国海洋大学出版社
·青岛·

图书在版编目（CIP）数据

差异教学视域中的小学"幸福成长课程"构建理论研
究与实践探索 / 青岛燕儿岛路第一小学编著 . -- 青岛：
中国海洋大学出版社，2024. 11

ISBN 978-7-5670-3442-6

Ⅰ. ①差… Ⅱ. ①青… Ⅲ. ①小学教育－教学研究
Ⅳ. ① G622. 0

中国国家版本馆 CIP 数据核字（2023）第 147621 号

CHAYI JIAOXUE SHIYU ZHONG DE XIAOXUE "XINGFU CHENGZHANG KECHENG" GOUJIAN LILUN YANJIU YU SHIJIAN TANSUO

差异教学视域中的小学"幸福成长课程"构建理论研究与实践探索

出版发行	中国海洋大学出版社			
社　　址	青岛市香港东路 23 号		邮政编码	266071
出 版 人	刘文菁			
网　　址	http://pub.ouc.edu.cn			
电子信箱	appletjp@163.com			
订购电话	0532 - 82032573（传真）			
责任编辑	滕俊平		电　　话	0532 - 85902342
装帧设计	青岛汇英栋梁文化传媒有限公司			
印　　制	北京虎彩文化传播有限公司			
版　　次	2024 年 11 月第 1 版			
印　　次	2024 年 11 月第 1 次印刷			
成品尺寸	170 mm × 230 mm			
印　　张	9.625			
字　　数	171 千			
印　　数	1—1000			
定　　价	49.00 元			

发现印装质量问题，请致电 010-84721811，由印刷厂负责调换。

序

  青岛燕儿岛路第一小学从 2005 年开始承接新市民随迁子女入学,生源的变化导致学生、家长在认知、习惯、情感、思维等诸多方面产生较大差异,成为影响学校发展的显著性背景因素。学校因此确立了"让每一个孩子都能享受优质教育,有个性、和谐发展"的办学目标,着眼于探索基于差异的育人特色。

  "十二五"期间,学校立项的山东省年度重点课题、青岛市级规划课题"基于学生差异的智慧关怀策略研究"的开展使差异教学研究成为学校教学活动研究的主要内容。以此为基础,学校以差异教学为原则,在对学生进行全方位发展性评估基础上进行针对性的教学指导,探索个性化辅助课程,开设灵动拓展课程,并将与学生成长紧密关联的家长、教师的成长纳入研究范围,将"幸福成长"作为课程构建的核心理念,完成了"十三五"青岛市级规划课题"差异教学视域中的小学'幸福成长课程'构建研究",初步构建了彰显学校灵动文化的小学"幸福成长课程"体系。

  课题研究的开展使存在差异的教师、学生、家长产生自我认同感,并形成幸福生活的积极心态,既实现了个体有个性地幸福发展,也实现了群体的和谐发展,为提升和发展人的核心素养提供了可操作的课程范例,弥补了该类研究实践与理论上的不足。

  通过本课题,学校"多元和谐,优质共赢"的办学理念得以进一步深化,为青岛市南区全力打造一流的宜业宜居幸福城区助力;同时,幸福教师、幸福学生的成长,幸福家庭的伴生和存在,也将成为构建社会主义和谐社会的有益支撑。

刘 瑜

2024 年 10 月

目录

⊛ Contents

第一章 课题研究

《差异教学视域中的小学"幸福成长课程"构建研究》研究报告

青岛燕儿岛路第一小学 刘红岩 刘 瑜 等

摘要

青岛燕儿岛路第一小学作为一所从 2005 年开始承接新市民随迁子女的学校,学生、家长在认知、习惯、情感、思维等诸多方面均存在着较大的差异,成为影响学校发展的显著性背景因素。学校以差异教学为原则,构建"幸福成长课程"体系,对学生进行全方位发展性评估,并在此基础上进行针对性的教学指导,构建学生"幸福成长课程";同时通过了解家长的不同差异构建家长幸福课堂,确保差异教学的有效性。

首先,本课题运用文献法对差异教学和"幸福成长课程"的相关研究理论进行了详细的梳理和深入的探讨,这为本课题奠定了理论基础;接下来学校基于学生差异,探索个性化辅助课程;基于学生发展性评估,开设小班化专项训练课程;基于学生兴趣差异,开设灵动拓展课程,在国家课程、地方课程及学校课程的实施过程中,课题组寻找如何提升学生幸福感的方法策略,同时在课程构建研究中帮助教师实现专业成长。学校基于得到的数据不断改变看待学生的视角,改变家校合作的视角,建设"开放+特色"的智慧校园。学校在校本课程构建中落实了差异教学原则和"幸福成长"目标,初步建立起详细而清晰的课程构架。

一、研究问题

（一）研究目的

1. 打造课程体系，提升幸福教育

在学生幸福成长的视角下，探索在国家课程、地方课程和校本课程实施过程中落实"幸福成长"核心理念的方法策略，研究国家与地、校课程的优化整合方法，推进三级课程有效实施，重点研究学生幸福成长校本课程。学校初步架构起涵盖课程理念、课程目标、课程内容、课程实施与评价的差异教学视域中的小学"幸福成长课程"体系，满足学生的差异成长需求，提升教师对课程的整体把握能力及构建能力，助推学生、家长、教师的发展，提升幸福感。

2. 重视差异教学，优化课程评价

在差异教学视角下，学校进行了三级课程的优化整合及"幸福成长课程"实施与评价的探索性研究。为了了解研究对象的个体差异，学校对研究对象中的一年级新生进行了发展性评估，并借助大数据分析了学生之间的差异。学校针对学生差异探索构建个性化辅助课程、小班化专项训练课程，深化对校本课程中走班特色课程的研究，旨在充分发展学生的兴趣和能力，优化评价手段，助力教师专业成长。

3. 推动教师成长，提升教师幸福感

在教师幸福成长的视角下，学校针对青年教师、骨干教师、老教师三个层面分别开展职业成长提升、专业发展带动、职业心态影响的培训课程，同时还探索研究课程的自我评估以及对教师个人和团队工作的效能性评价，以考量培训课程对教师幸福成长的效能提升情况。

4. 探索家长课程，促进家校和谐

在家校和谐幸福的视角下，学校对家长幸福课程进行了探索性研究。主要是借助家长问卷的大数据分析家长之间的差异，进而开设家长培训课程，并考量培训课程对家校和谐幸福度的效能提升情况。

（二）研究意义

学校希望从课程改革出发，将国家、省、市、区关于全面深化课程改革的任务和目标进行校本化、特色化，实现课程价值的深刻变革、课程内容的深度整合和

学生个性的深层发展,更为学校层面的课程构建和发展提供参考和借鉴。

本课题着眼于学校"让每一个孩子都能享受优质教育,有个性、和谐发展"的办学目标和"多元和谐,优质共赢"的办学理念,在持续关注学生健康发展的同时,还要进一步将与学生成长紧密关联的家长、教师的成长纳入研究范围,将"幸福成长"这一共同的理想目标作为我们课程构建的核心理念。幸福教师、幸福学生的成长促进幸福家庭的形成,也将成为构建社会主义和谐社会的有益支撑,为青岛市市南区全力打造国际一流的宜业宜居幸福城区助力。

本课题从积极心理学理论出发,初步架构起差异教学视域中的小学"幸福成长课程"体系,旨在使有差异的师生、家长能够产生自我认同感,并形成积极心态,充满幸福感地成长。在实现学生、家长幸福成长的同时,教师也在"人人有课程,人人做研究"的氛围中提升科研能力和课程开发的能力,努力达成"成就学生就是发展自己"的成长境界。该课题的研究与实施,既可实现个体有个性地幸福发展,也能实现师、生、家长间的和谐发展,为提升和发展人的核心素养提供借鉴。

(三)研究假设

本课题假设在对学生进行全方位发展性评估中能够大致分析出学生的差异特点,以差异教学为原则对学生进行针对性的学习指导;同时,通过了解家长的差异,针对不同的家庭教育问题,为家长进行指导。在落实"提升幸福感"的目标时,本课题在国家课程、地方课程及学校课程的实施过程中提炼出如何提升学生幸福感的方法策略,并在学校的校本课程实施中落实差异教学原则和"幸福成长"目标,进而初步建立起详细而清晰的三级课程网络。同时,促使教师系统学习积极心理学,使其学科专业知识不断深化,深刻领悟和学习课程建构的理论与实践,在参与中提高能力,提升幸福感。

(四)核心概念

1."幸福成长课程"

在国内学者看来,"幸福成长课程"就是依据社会发展需求和学生主体发展规律,培养学生具有良好的行为习惯与幸福生活的能力,促进学生个性发展与社会化发展的综合性生活指导课程。本书中的"幸福成长课程"将培养健康人格、培育公民素养作为课程总体目标,培养和发展学生健康的人格,以生活体验方式指导学生获得幸福和自信,让学生不仅在受教育的时候感到幸福,而且能影响学生的幸福观;同时在教师课程、家长课程的构建实施中,让教师和家长也获得幸福感。

2. 差异教学

差异教学,一般是指在班集体教学中发现学生的个体差异,满足学生的个体需要,以促进每个学生在原有基础上得到充分发展的教学。本书中的差异教学主要基于两个视角:一个是根据日常课堂中学生的表现来看待差异教学,另一个是基于国家、地方、学校三级课程的整个教学系统来看待差异教学。教师将学生的个体差异视为教学的主要影响因素,教学应根据学生的不同水平、兴趣以及风格来设计差异化的教学内容、过程与结果,最终促使所有学生在原有水平上得到发展。

二、理论基础和文献综述

(一)理论基础

西方普遍将幸福教育归为积极心理学研究范畴。积极心理学倡导者马丁·塞利格曼被称为幸福课的首创者,他提出了一个著名的公式:幸福＝先天素质(50%)＋环境影响(25%)＋对生活的看法与态度(25%)。迄今为止,美国已有100余所高校开设了"积极心理学"课程,其中开设时间最早、影响力最大的是2001年哈佛大学开设的幸福课,这是一门将积极心理学成果应用到实践中,教学生获得幸福方法的课程。研究表明,乐观、信念对于心理健康具有重要意义,积极的幻想也可能会对身体健康产生正向影响。英国威灵顿公学在积极心理学家尼克·贝里斯的指导下,于2003年开设幸福课程,致力于使学生拥有"怒放的生命"。

在全球化进程中,世界范围的基础教育课程改革进行得如火如荼。尤其是在21世纪,各国政府都在主动加强对基础教育课程改革的领导、管理和研究,期待通过课程改革,探索、发展具有竞争力、创造力和吸引力的现代国民教育。我国自2001年6月颁布《基础教育课程改革纲要(试行)》以来,经过多年研究和实验,总结和积累了若干符合我国素质教育要求的课改经验。不断修订的基础教育课程改革标准成为各中小学校课改的理论基调和研究指南。2010年7月,我国颁布了《国家中长期教育改革和发展规划纲要(2010—

2020）》,对基础教育课程体系提出了更高的要求。2014年4月,教育部下发了《关于全面深化课程改革落实立德树人根本任务的意见》,明确提出了培养和发展学生核心素养的目标要求,对基础教育课程改革的未来发展提出了更大的挑战。

幸福感,是因人的需求得到满足而产生喜悦并希望一直保持现状的感觉,从20世纪50年代开始进入人们的研究视野,历经描述性研究、理论建构以及今天的实证研究阶段,不仅成为学术界研究的热门话题,也成为政府关注的实践课题。联合国每年发布年度幸福报告,倡导全人类幸福发展。"国民幸福指数调查""幸福城市排名"比比皆是,"让人民生活得更幸福"逐渐成为世界各国政府的民生承诺。青岛市市南区更是从区位责任出发,提出"全力打造国际国内一流的宜业宜居幸福城区,率先全面建成小康社会"的发展目标。幸福,越来越成为公众关注的焦点,越来越成为人们追求的目标。

心理学研究表明,人作为一个完整的独立体,受环境、遗传等诸多因素的影响,使其在性格、兴趣、爱好、志向、能力等诸方面存在着一定的差异。承认差异、尊重差异;发现差异、发展差异早已成为世界教育发展的共同价值取向。

学校从发展现状出发,依据学生的差异及成长规律,对学生差异的内外在表现进行了分析及归因研究,并从学校管理与文化建设、课堂教学与课程培育、德育活动与习惯培养以及特殊学生心理干预入手,初步形成了基于学生差异的五大育人策略,即文化关怀、分层教学、德育教育、存储评价、个体辅助,对学生进行全方位、全过程的关怀,培养了一批又一批基础扎实、习惯良好、爱好广泛、眼界开阔的学生,努力让"做最美的我"成为学校每一位师生的行动目标和发展愿景。

学校始终将差异教学作为教师开展教学活动的主要策略层层推进。学校通过备课修改探索、主题教研强化、课堂观察实施,梳理了基于学生差异的合作学习、分层学习、微课介入、个性评价等有效的"幸福智慧教学关怀策略"。

（二）研究综述

1. 关于"幸福教育"的研究综述

"使人获得幸福是教育的终极目的。"乌申斯基对于教育的理解就是使学生获得幸福,认为这是教的必然结果。对于教育的主要目的是使学生获得幸福,不能为任何不相干的利益而牺牲这种幸福,这一点是毋庸置疑的。对这句话可以从两个层次来理解:一是通过教育,让学生幸福地生活;二是通过教育,让学生拥有得到幸福的能力。可见,幸福需要教育。

教育需要将幸福纳入实践目的中,这与人追求幸福的价值需要具有内在一致性。费尔巴哈说,在这个世界上一切正在努力活着的人的源动力,就是对幸福的追求。诺丁斯指出,为了让学生在幸福教育的理念下幸福地学习,教育者就要思考教育与幸福应如何共同发展,为学生的幸福做准备。"为了学生的今天,教育者所提供的教育和孩子们经历的教育过程本身应该是幸福的。"

针对幸福教育实践的研究,一种观点表现为对目的的重视,认为幸福教育是为了幸福的教育,以感知幸福情感和具有体验幸福的能力作为培养目的。著名伦理学家、美国斯坦福大学教授内尔丁诺斯指出,"幸福不是教育或生活的唯一目的,但它是核心目的。它可以被用作判断我们所做事情的评价标准"。有学者认为,体验幸福的同时进行幸福内容与幸福观的教育,幸福教育才能够具有更完整的意义。还有学者提出,幸福教育作为一种教育理念,是教育对人的发展的理解的深化与把握。幸福教育就是以人的情感培养为目的的教育。

另一种观点表现为对过程的重视,强调幸福教育是体验幸福的过程,是师生提升幸福情感和体悟幸福能力的整体性活动。幸福教育将教育的一切与人的幸福生活紧密联系在一起,以培养幸福的人为最终诉求,并在回归、实现人性的过程中,不断提升个体的幸福层次,达到个体幸福与社会乃至人类幸福的和谐统一。还有研究者对关注的主体对象进行了明确,提出"幸福教育关注儿童青少年的人生的长远发展和生涯规划,尊重学生的生命状态和幸福体验,这是对急功近利教育价值观的冲击,有利于我国基础教育更加关注学生的社会责任感、实践能力、创新精神"。幸福是个体目标实现和过程体验的结合,应引导学生确立适当的目标,让学生明确自我构建的方向,吸引学生参与教育教学活动并体验愉悦,让学生不再只是教学活动的旁观者。

综上所述,幸福教育将幸福视为教育的核心目的和终极目标,以当前及未来的幸福生活为根本价值追求,强调过程性体验与获得,并在过程中促进幸福能力的获得与发展。

2. 关于"差异教学"的研究综述

差异教学是一种教学理念,自 20 世纪 90 年代开始备受人们的关注。简单来说,差异教学的核心内涵就是教学要面向全体学生,以促使每个学生获得最佳发展。迄今为止,国内外学者对差异教学的定义虽没有完全统一,在表述上有所不同,但他们都提出了自己的见解和看法,以下是对部分差异教学概念的梳理。

华国栋认为,差异教学是指在班集体教学中立足于学生的个性差异,满足学生个别学习的需要,从而促使每一个学生能在他原有的基础上得到充分的发展的教学。曾继耘在《差异发展教学研究》一文中提出,差异教学是在课堂教学中,从尊重学生的个体差异方面出发,开展差异性的教育学活动,从而促进每个学生个性化的发展。姜智、张福生等学者也持有相似的观点。

夏正江在《一个模子不适合所有的学生——差异教学的原理与实践》一文中,从因材施教的立场出发看差异教学,将因材施教界定为"教师从学生的相关差异(包括个别差异和团体差异)出发,为了开发学生的内在潜能,实现每个学生在原有基础上的最佳发展,为学生提供有差异的教育、教学措施"。据此,因材施教与西方学者所讲的差异教学本质上没有不同,二者基本上是同一个概念。如果一定要找出差别的话,那就是因材施教不局限于课堂,差异教学通常限定在课堂教学范围内。

美国学者卡罗尔·安·汤姆利桑和苏珊·德米尔斯基·阿兰在《差异教学的学校领导管理》一书中,将差异教学界定为"教师针对学习者的需要做出响应性的反应"。卡罗尔·安·汤姆利桑还在《多元能力课堂中的差异教学》一书中提出,差异教学并不是20世纪的个别化教学,不是一种失控的课堂教学,不是固定的同质分组教学,也不是简单的"单维度课堂"的教学。差异教学的特点为:第一,教师会主动关注学生的个体差异;第二,教学是以学生为中心的;第三,更加看重质量,而不是数量;第四,学习的内容、过程与结果可以多元选择;第五,是以评估为基础的;第六,教与学是有机结合的;第七,全员教学、小组教学以及个别教学要结合进行。黛安·荷克丝在《差异教学——帮助每个学生获得成功》一书中认为,"差异教学指的是教师为了适应学习者的需要、兴趣和风格等,改变自己的教学进度、水平或类型"。

通过分析以上研究者对差异教学概念的界定,笔者认为,差异教学的本质就是学生的差异。这种差异体现在学生的性格、兴趣、能力、认知风格、知识水平等方面。为了满足差异,可采取的教学措施包括改变教学的目标、速度,调整教学的内容、形式等。差异教学的最终目的是将给予学生的学习机会最大化,激发学生的学习潜能,帮助学生获得最优发展。

三、研究程序

（一）研究设计

青岛燕儿岛路第一小学相对于其他学校而言,学生、家长在认知、习惯、情感、思维、家庭背景等诸多方面存在着较大的差异,成为影响学校发展的显著性背景因素。学校因此确立了"让每一个孩子都能享受优质教育,有个性、和谐发展"的办学目标,着眼于探索基于差异的育人特色。针对差异教学视域中的小学"幸福成长课程"构建,研究设计如下。

1. 推进三级课程研究实施,重点研究"幸福成长课程"体系构建

深入课堂,关注教师课堂教学现状,从中总结三级课程在课堂实施过程中落实"幸福成长"核心理念和差异教学原则的方法策略;各个学科组分别研究国家课程与地校课程的优化整合方案,重点研究构建学生幸福成长校本课程,初步架构起涵盖课程理念、课程目标、课程内容、课程实施的差异教学视域中的小学"幸福成长课程"体系,并在实施"幸福成长课程"过程中,针对学生差异化的学习表现和差异化的幸福体验,探索构建"幸福成长课程"评级体系。

2. 差异教学的实施设计

（1）对学生进行发展性评估,开设小班专项训练课程。

学校通过与第三方教育机构合作,对 2015 级、2016 级一年级新生进行发展性评估,借助科学的测评手段得出较为全面的测评数据,进而了解学生的差异。教师认真分析学生的问题点和发展点,发现学生的共性问题和个性差异。基于调查结果,挑选问题比较突出的能力项目和亟待进行干预的学生开设小班专项训练课程。

（2）优化学生评价手段,尝试增值性发展评估。

选择 2015 级、2016 级的学生作为评估对象,以学业水平作为研究主体,尝试引入第三方进行课程评价。从测评方案制订到实施,学校分管领导全程参与把控。第三方评价结束后,学校进行测评数据分析、比对,针对学生个体和班级群体分别形成增值性发展评估报告,为进一步做好学生发展性评估数据库的建设提供有力支持。

（3）针对特殊学生的心理干预与咨询策略研究。

尊重差异,研究差异。学校每位教师针对所教学生的差异特点,每学年选择两名学生开展责任认领式的帮助辅导,为学生建立幸福成长档案;针对特殊学生,还进行了心理测试。

（4）强化走班特色,充分发展学生的兴趣和能力。

学校面向六个年级分别开设走班特色课程,充分发挥每位教师的特长,充分尊重每个学生的兴趣,充分挖掘每个学生的潜力,为每个学生提供丰富的、优质的走班特色课程。作为全国海洋意识教育基地,学校深化海洋特色课程的开发,专门聘请专业教师授课,丰富了走班特色课程内容。

（5）基于学生差异,探索个性化辅助课程。

为促进学校全员育人导师制管理体系的完善,努力营造全员育人、全程育人的氛围,学校开展了"全员育人·责任学生"教育活动。每位教师均有自己负责的责任学生,根据学生综合能力制订一对一个性化辅导方案,并且每月跟踪学生的成长变化,及时发现问题并疏导。教师在每学期期末进行学生成长总结,表扬每个学生的闪光点,挖掘更多学生的潜力点,满足学生个性化、多样化成长的需要。教师人人是导师,学生个个受关爱,在教师全员、全程育人过程中,每个学生都在被关爱中收获了幸福感,教师与学生的关系也更为密切。

3. 提升教师的课程构建开发能力,完善教师课程体系

学校从青年教师、骨干教师、老教师三个层面开设职业成长提升、专业发展带动、职业心态影响培训课程,课程包括"分层发展课程""智慧教师课程"和"幸福成长课程",充分关注教师的幸福指数。教师幸福课程包括手工制作活动、生活技能教学、礼仪素养培训等多样化内容,丰富教师的生活,陶冶教师的情操,引领教师做幸福型教师;学校邀请专家来校进行各类讲座,鼓励教师运用现代化教育手段进行教学,进一步加强对远程教育资源的运用,并以此为平台将现代教育技术与课程资源、校本资源进行整合,引领教师做智慧型教师;学校还对课程评估以及对教师个人和团队工作的效能性评价方式进行探索,以考量培训课程对教师幸福感的提升力度。全体教师积极参与"幸福成长课程"体系的构建,提升对课程的整体把握及建构开发能力,提升职业幸福感。

4. 分析家庭差异,构建家长培训课程

探索家长课程,共建家校和谐。学校根据家访月活动的走访调查和家长问卷得到的信息,科学分析家长之间的异同点,以"做智慧家长,伴幸福成长"为基本理念构建家长学校幸福灵慧课程,针对家长反馈的问题开展家庭教育幸福课。

同时,学校成立"龙爸龙妈工作室",为家委会成员、家长代表提供温馨的环境,让家长与学校更贴近,最大限度地发挥班级家委会支持学校和班级工作的作用,更有效地调动更多家长自主参与家校共育工作的热情,让家校关系更和谐,最终让每个学生都受益。

(二)研究对象

对于发展性评估,我们从2015级、2016级学生中选取了被第三方评估机构识别为问题突出的学生,开设小班化专项训练课程和个性化辅助课程。对于三级课程的优化整合与校本课程中走班特色课的研究,面向全校学生和全体任课教师。家长幸福课程研究以随机选取的学生家长为研究对象。

(三)研究方法

本课题主要从基础性差异、动力性差异、操作性差异、方向性差异四个方面入手,进行访谈调查与命题测试,梳理出学生的差异表现及其特点,并对学生的差异进行深入分析与归因。主要研究方法如下。

1. 问卷调查

对2015级、2016级一年级新生及学生家长进行问卷调查,调查内容主要包括父母受教育程度、学生入学前受教育程度、家庭教育状况、学生个性表现等。学校通过对这些指标进行对比分析,可以发现学生入学前的差异。

学校每年会接受市南区教育督导部门进行的社会化评价,主要包括学校管理满意度、学校教师认可度、教育收费、教师师德、学业负担、阳光体育、教育"五公开"、师生关系、家校关系等若干指标。通过对这些指标的分析,可以发现年级之间、班级之间以及本校与区域其他学校之间发展的差异。

2. 命题测试

每学期期末采用统一命题的方式对全校学生进行质量检测,还与第三方机构合作,对2015级、2016级新生进行了综合能力评估,分析学生学习情况的差异。通过对市南区学生的质量抽测数据进行对比分析,可以发现本校学生与区域其他学校同一年级学生的差异。

3. 多角度观察和评价

学校设计了智慧课堂观察单,方便教师深入课堂研究时能够多角度观察和评价课堂。观察单的内容包括师生互动、学生表达、学生倾听、教师提问、教师评价语、课堂资源使用、学习策略选择、自主学习状态、学习目标达成、课堂环节安排,共包括 13 个评价量表。教师通过多角度的观察与评价,能够发现师生教与学的差异表现。

班主任、学科老师、社团老师从以下几个角度对学生的在校活动以及学习状态进行观察。① 适应与应激性:害羞、紧张、大方、礼貌等。② 思维的差异性:概括性、间接性、逻辑性、深刻性、灵活性、独创性、批判性(分析性、策略性、全面性、独立性、正确性)、敏捷性。③ 表达的正确性、流畅性、完整性、生动性等。④ 性格特质以及表现:内向、外向等。⑤ 表情和动作,包括站姿。⑥ 板书的位置与书写,做题的速度以及板演的过程。⑦ 倾听的程度。⑧ 师生互动的效度。⑨ 学生的变化等。教师分析观察量表,每月撰写观察故事,从中发现差异,尊重差异,利用差异。

学校通过绘画和心理测量系统对部分特殊学生进行前测,努力发现这些学生存在的心理问题。

4. 保障

(1)学习制度。

学校定期组织教师学习教育理论,聘请专家做辅导讲座,外派教师参与各类培训,开展校本培训。课题组成员定期记录、分析和整理相关资料,定期召开研究会,汇报阶段性工作。

(2)组织机制。

课题研究领导与管理小组由校长,在教育教学一线的教研组长、年级组长、学校干部组成,加强过程管理,确保研究活动的正常化、经常化、制度化和规范化。

(3)研究队伍。

课题研究队伍由学校骨干教师组成。各骨干教师定期参加理论学习、课题研讨、学术活动,提升科研能力。由山东省教育科学研究院教育发展战略研究所副所长张玲玲、山东师范大学心理学院教授司继伟、青岛大学师范学院基础教育研究中心主任王有升以及市区科研专家组成的专家团队,定期入校指导,提高研究队伍的整体水平和素质。学校为课题研究人员提供各种培训、进修的机会,给予课题研究骨干优先学习、评优评先的权利。

（4）研究经费。

学校给予课题研究充足的经费保障,确保科研经费的落实。对于在一定阶段取得成果的教师给予一定的表彰奖励;对于学校取得的阶段性研究成果给予及时进行宣传推广。

四、研究发现和结论

本课题研究始终围绕"差异教学""幸福成长课程"两大主题,不断探索构建和完善适合本校实际的课程体系。研究中期,我们发现研究缺乏系统性和整体性,也没有与学校文化有机融合,进而做了及时调整——基于校情、生情,特别是大班额授课的现状,面向全体学生,扎实有序地以国家课程校本化实施为主要路径,辅以彰显学校灵动文化的特色课程开发、实施的研究;面向学生个体,以课题研究前期的各种辅助课程为手段为教师提供研究支持;围绕助力学生幸福成长,探索构建教师"幸福成长课程"和家长"幸福成长课程"。具体来说,目前学校已经架构起涵盖学生课程、教师课程、家长课程的"幸福成长课程"体系(图 1),形成了《学生"幸福成长课程"实施方案》《教师"幸福成长课程"实施方案》《家长"幸福成长课程"实施方案》,并在教育教学活动中不断加以丰富和完善。

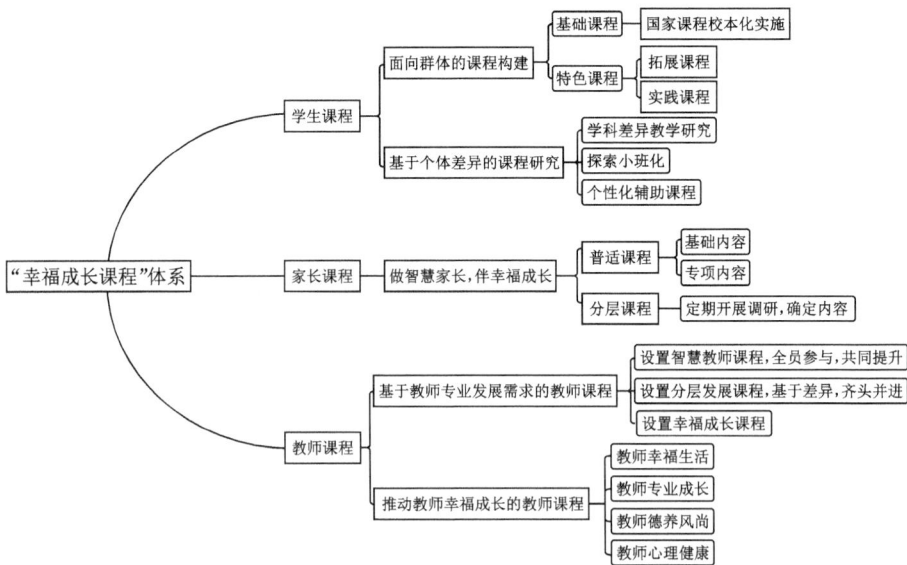

图 1　青岛燕儿岛路第一小学"幸福成长课程"体系图

（一）学生"幸福成长课程"构建

1. 三级课程凸显学校灵动文化，让学生在课程的生动体验中幸福成长

（1）校本化实施国家课程，面向群体，提升学科学习幸福感。

学生"幸福成长课程"首先通过国家课程的校本化实施，最大限度满足学生的差异成长需求，助推学生发展，提升学生学科学习的幸福感。

从 2017 年初课题立项时学校基于"小龙人文化"的国家课程校本化实施、国家课程与地校课程优化整合，到当前在与青岛大学合作办学过程中，依托深化后的学校灵动文化，开设灵动拓展课程，我们始终坚持把国家课程校本化实施作为"幸福成长课程"构建的主要路径。

校长引领构建方向，专家给予指导、支持，我们明确了国家课程校本化实施的原则、目标和方法。国家课程校本化实施的出发点是细化课标，着力点是基于学生差异，尊重课堂，开展"'1＋x'基于核心素养的灵动课堂"向纵深发展的主题研究。各学科针对学生差异，确定学科校本化实施的研究项目，最终形成课程实施路径。

现以英语、语文、美术学科为例，将学校国家课程校本化实施的情况做以说明。

英语学科组针对学校外来务工子女学生所占比例大、英语水平整体偏低的特点，分析了制约英语课堂教学的四大主要因素，即英语基础薄弱、英语学习兴趣不浓、英语学习策略欠缺、家庭教育缺失，针对差异学情确定了研究主题，力图激发学生学习英语的兴趣，调动学生学习英语的热情，帮助学生树立自信，有效促进学生的英语学习。"阅动童心，悦享英语——绘本阅读打造英语灵动课堂"研究就是学科组在经过两年多的探索后确定的学科教学校本化实施主题，初步形成了"课外资源激发兴趣""原创 chant 夯实基础""融入绘本提升能力"三个策略，即在"Warm up"环节以节奏感强、画面生动活泼、简短易学的英文歌曲调动学生的学习兴趣，让学生感受到英语学习的愉悦；随后在单元教学中，教师根据教学重点、难点及学情自编自创学生易上口的歌谣帮助学生记忆三会、四会词汇，让每个学生的嘴、脑都动起来；最后针对模块主题，教师通过单元内容间的整合、课外相关主题绘本的引入、学生创编绘本的指导让学生在英语学习中找到自信，发展能力，提升学科素养，体验英语学习的幸福感。

语文学科组依托《小龙人诵经典》，通过五条路径落实国家课程的校本化。路径一：每周安排一天的早自习进行经典诵读；路径二：根据学生能力，分层设置要求，让每一个学生都能参与其中；路径三：学期末进行诵读达级赛，并进行展评;路径四:整本书阅读,每学期不少于两本书,其中一本书需要与语文教学相整合;路径五:以赏析、手抄报、读后感等多种形式呈现读书成果。五路并举,让不同的学生都能在学科学习中找到适合自己表达和表现的路径,使学生的学习自信心逐渐建立。

美术学科组立足于学校实际和学情,利用丰富的教材资源,把民族文化的传承教育落实到具体教学中,以促进学生艺术综合素质的提升。同时,教师探索出适合国家课程校本化的教育教学方法,形成了版画艺术特色文化——以国家美术课程要求为基础,分年龄段引导学生对版画进行探究和体验,内容难度由浅入深,培养学生基本的版画技能和版画鉴赏能力,增强审美意识,提高审美情趣。学校每月一次的"版画周"、每学期一次的版画作品交流展,以点带面,给了更多学生展示的机会。

国家课程的校本化实施满足了大班额授课情况下学生学科学习的差异成长需求,提升了学生学科学习的幸福感,助推学生幸福发展。

(2)开设"小龙人"灵动拓展课程,让每一个学生在学习过程中获得幸福体验。

为了实现学生的幸福成长,学校秉承"多元和谐,优质共赢"的办学理念,努力实现"让每一个孩子都能享受优质教育,有个性、和谐发展"的办学目标,从学生的兴趣与需求出发,不断开发多元化、可选择的学校课程,开设了"小龙人"灵动拓展课程。

课程力求体现科学性和实效性,坚持按照学生的培养目标和学生的身心发展规律设置;坚持统一性和灵活性相结合的原则,充分发挥课程体系的教育功能;坚持以学生为本的宗旨,面向学生,因材施教,充分发挥学生的自主性、创造性,促进学生主动活泼地发展、健康幸福地成长;课程实施体现均衡性、选择性、开放性。

① 均衡设置课程。

根据德、智、体、美、劳全面发展的要求,将其教育内容全部纳入,有利于学生和谐、全面发展;依据学生身心发展的规律和学科知识的内在逻辑,把课内外、学校与社会联系起来,把间接的书本知识学习和直接经验体验结合起来,为学生健全人格的形成和能力、知识等方面的学习与发展创造条件。

② 加强课程的选择性。

学校课程以灵活性、适应地方和社会发展的现实需要为主,以多样化的教学方式不仅为学生发展奠定共同基础,也注重学生的个性发展。因此在课程设置上有选修课和必修课,学生可在家长、教师的帮助下自主选择选修课,发展自己的特长。

③ 注重课程的开放性。

学校课程的开放性主要体现为目标的多元性、内容的广泛性、时间空间的宽裕性以及评价的差异性,有利于学生在自己喜欢的课程中大胆实践、积极参与,有利于学生综合素养的提升。

坚持"以兴趣为主,以兴趣为纽带,以兴趣为起点,以兴趣为终点,以兴趣为标准"原则,充分挖掘教师的专项特长,设置多元课程,提供"菜单式"服务供学生选择。3～6年级开展自主选课,利用各班教室及多媒体教室、舞蹈教室、阅览室、乒乓球教室、录播教室、微机室、演播室、心理咨询室、操场开展特色课程,共开设23门课程。利用周四下午第二节课(地方课程)与第三时段(课外活动),开设全校特色走班拓展课程,每个学生自主选择一门课程参与学习。表1展示了某一学期特色走班拓展课程的实施计划表。

表1 特色走班拓展课程实施计划表

课程类别	课程名称	参与年级	招生人数	负责教师	上课地点
审美与健康	合唱	3～6	45	刘清漪	教室
	舞蹈	3～6	30	外聘	舞蹈教室
	版画	3～6	30	张婷婷	教室
	书法	3～6	25	栾明璇	教室
	国画	3～6	20	金萍	多媒体
	戏剧	3～6	20	张权	教室
	足球	3～6	25	蒋琳	操场
	篮球	3～6	25	万丽丽	操场
	乒乓球	3～6	25	任聪	乒乓球教室
创新与传承	螳螂拳	3～6	25	外聘	操场
	剪纸	3～6	20	外聘	教室
	机器人创客	4～6	25	高煊	教室

课程类别	课程名称	参与年级	招生人数	负责教师	上课地点
创新与传承	电脑绘画	3～6	30	季本霞	微机教室
	手工制作创客	3～6	25	王懿	教室
	科普创客	3～6	25	王磊	教室
	益智与数学创客	3～6	25	王琪	教室
海洋与实践	海洋手工创想	3～6	30	外聘	教室
	高效阅读	3～6	35	刘向	阅览室
	科技模型	3～6	25	石建东	科技教室
	主持与朗诵	3～5	20	石柯	演播室
	口语模仿秀	4～6	25	刘慧丽	教室
	英语情景剧	3～5	25	况琳琳	教室
	思维训练	3～6	25	张文君	教室
	沙盘与资源	3～6	25	金继翔	教室
	文学创作	3～6	25	潘云萍	教室

2. 通过差异教学,使学生幸福成长

（1）延续差异研究,着力学科差异教学,让每个学生的差异在学习中得以尊重,实现适切发展。本课题延续了"十二五"课题"基于学生差异的智慧关怀策略研究"中对学科差异教学策略的深入研究,在已有研究基础上积极探索更有效的差异教学实施手段,以确保课堂教学对学生差异的最大化尊重。语文、数学、英语、音乐、体育、美术六个主要学科均形成了差异教学有效策略（表2）。

表2 六大学科的差异教学策略及教学实施

学科	差异教学策略	教学实施
语文	观课量表,量化分层教学,为差异教学实施提供依据	教师借助不同观课量表,从课堂听讲质量、课堂回答情况、学习目标达成、小组参与程度等方面了解各层次学生的学习情况及分层学习任务、分层提问的效度

学科	差异教学策略	教学实施
数学	以说促思,发展不同基础学生的数学思维能力	针对学生学习数学过程中存在的普遍问题,教师有意识地在课堂上分层进行"说"的训练,精心设计数学语言的阶梯,引导学生将日常语言转化为数学语言,再将数学语言抽象为数学式子,通过"说"的过程让具有不同思维能力的学生的思维过程明确化、深刻化,从而强化其认识过程,发展数学思维,培养数学能力
英语	运用专属进阶表,让学生得到适切的语言发展	课堂上,教师通过差异教学任务设置、差异化课堂练习设计、差异化评价语、差异化作业等从不同维度提升教学活动的个体针对性。同时,基于对全班学生个体差异的前置了解,将学生分组,在教师的指导帮助下,每个学生制订一份进阶表和成长计划,充分发挥集体和个人相互作用的优势
音乐	巧设语境,让每个学生在音乐对话中"遇见"知识	教师通过差异化巧设语境,引领学生"遇见"知识,让课堂充满活力。同时,基于学生音乐素养的差异性,教师分层次设置问题。例如,对于A层的学生多给予拓展性思维较强、有一定难度的问题;B层学生的问题会紧靠这个环节的基础目标;C层学生给予相对简单的问题,并抓住学生的闪光点进行及时评价
体育	目标导学,使分层教学真正落实到每个学生身上	教师设计不同水平的弹性目标,并合理设计与之相对应的层级练习或学习活动,也就是为不同的学生提供不同难度等级的活动,吸引每个学生参与,使其在能力所及的目标达成过程中体验运动的快乐
美术	设置层递式任务,让每个学生都体验成功	教师基于学生差异,在作业中设置了层递式任务,即基础性作业(巩固课内所学基本美术知识)、提高性作业(侧重于综合能力的培养和美术素养的提高)、拓展性作业(侧重于拓展知识技能和开发想象力的作业,培养学生的创造性思维)。给予学生充分的自主选择的机会,使其体验成功的喜悦

（2）基于发展性评估,探索小班化专项训练课程。

为了更加科学地发现和分析存在于学生、家长、家庭之间的差异,前期课题组从互动、表达、倾听、提问、评价语等13个角度设计了课堂微格观察表,发现了学生学习的差异性表现。借助第三方评估的契机,学校决定从新生入学开始对学生进行发展性评估。

评估问卷首先通过"您的孩子""您自己""您的教育理念""您和孩子的那些事儿"四个维度共38道题目对全体家长进行了问卷调查;然后20余位专家入驻校园约一周,对一年级全体学生开展了一对一的测评。依据《3—6岁儿童学习与发展指南》确定的"健康、语言、社会、科学、艺术"五大领域,课题组又增加了与学习能力直接相关的空间知觉、记忆能力、注意力三项能力维度,最终确定了运动与健康、语言能力、社会性水平、科学探究、空间知觉、记忆能力、注意力和艺术素养八个维度22个测评点,共计119道测评题目,通过运动、游戏、表达、做题等多种方式分组开展测评,最终形成了每个学生的数据报告、每个班级的数据报告和学校汇总数据报告。

根据发展性评估的反馈分析,课题组重点探索了小班化专项训练课程,以满足不同学生的需求。根据数据分析,各班确定了参加小班化专项训练课程的学生名单,由第三方专业机构就注意力、记忆力、心理等方面进行专项训练与辅导。学校安排跟教教师,明确跟教教师的职责与分工,并设计了课程观察记录表,以多角度观察课程效果。跟踪记录显示,通过小班化专项训练课程的设计与实施,参与课程学习的学生在注意力、记忆力、人际关系、课堂常规等方面均有明显改观。

(3)基于学生个体差异,探索个性化辅助课程。

学科差异教学的研究与实施旨在最大限度关注大班额课堂教学中学生的差异;小班化专项训练课程是在现有条件下对差异表现相对突出的部分学生进行归因分组,实施差异化专项行为改善;对于学生个体的差异教学则是通过全体教师参与的个性化辅助课程实现的。

学校每位教师根据实际情况每学年或每学期选择两名学生开展一对一"责任认领"帮助辅导,为学生建立幸福成长档案,通过个别化、有针对性的一对一学科学习辅导、沙盘游戏、谈心疏导,为学生量身设计课程内容和形式,提高学生的学习品质,从而提升学生在校学习、生活的幸福感。

目前该课程的学生覆盖率达 75%,教师参与度达 100%。随着与全员育人导师制的有机融合,更多的学生将得到教师针对性的关注和指导,他们或因学习成绩的提升而重新对学习充满兴趣,或因在学习中的优秀表现而变得开朗自信,或因得到了老师特别的关爱与指导而成长得更健康阳光……学校真正成为学生愉快学习、幸福成长的乐园。

(二)教师"幸福成长课程"构建

在引领教师构建学生课程过程中,学校也关注到了教师间的差异,包括专业水平、教学风格、性格行为、心理素养等,进而从教师成长需求出发,逐步探索构建了适合教师的"幸福成长课程"框架。目前依据研究设计,结合教师培训实际,课题组以"专业发展需求"和"幸福成长推动"为双径构建了青岛燕儿岛路第一小学教师"幸福成长课程"。

1. 基于专业发展需求的教师课程类目设置

（1）设置"智慧教师课程"，全员参与，共同提升。

① 专家引领课程，全员参与。

邀请教育专家来校进行各类讲座，共享智慧。教师在专家课程中强化自我培训，实施"富脑工程"，并制订自学计划。专家引领课程有力提高了教师运用现代教育技术的能力，进一步加强了对远程教育资源的运用，并以此为平台将现代教育技术与课程资源、校本资源进行整合。

② 科研先导课程，书香共营。

腹有诗书气自华。读书是提升教师文化素养不可或缺的重要途径。教师课程聚焦"十三五"课题，搭建阅读平台，丰富专业内涵。一是精读工具书，主要包括解读课程标准、课程纲要、教学参考书和教材，教师认真学习本学科的课程标准，并在教学研究活动中结合具体课例促进对课程标准内涵的解读；二是博读专业书，即阅读教育理论方面的书刊，开展国内外教育名著阅读行动。

学校开展以"悦读"为主线的教师培训活动、"与大师对话，与名著同行"等读书活动，定期组织读书汇报活动，如专题报告会、研讨会、经验交流会、读书笔记展示会；开设学科论坛，鼓励骨干教师走上讲台，从科研角度进行专题汇报或介绍新理念，讲示范课，使一个人的学习成为全校教师共同的学习。

（2）设置"分层发展课程"，基于差异，齐头并进。

① 邀请青岛大学专家入校指导，通过问题诊断，干部、教师素养提升培训，不断提高干部和教师的教育管理水平。

② 实施自主能动管理，开展学科培训，以培养一支业务精良、组织协调能力强的教师领军队伍。

③ 发挥学科名师工作室和班主任智慧工作坊的作用，通过团队培训，以阶段性自评形式展示团队发展成果。

④ 切实做好青年教师与老教师的师徒结对工作，通过自我培训、互助培训，形成以老带新、以新促老、共同成长的幸福成长氛围。

⑤ 不断加强班主任队伍培训，组织班主任智慧工作坊活动，交流分享班主任工作经验；每月组织一次班主任工作研讨会，即由班主任带领全体学科教师一起讨论近期班级、学生的现状和出现的问题，集思广益商量解决问题的方法。

⑥ 支持骨干教师外出培训，外出教师回校后开展二次培训，将前沿理论与经验进行最大限度的及时分享，以拓宽教师们的教育视野，培植优秀教师团队。

⑦ 开展青年教师帮扶培训,成立30岁以下"青年教师成长驿站",针对青年教师平日教育教学工作中存在的问题、困惑,邀请优秀教师答疑解惑,以案例研究为切入点,使青年教师少走弯路,更快、更幸福地成长。

(3)设置"幸福成长课程"。

① 健康生活课程:组织开展健康有益的文体活动,关注教师健康;开办动手、动心的生活实践课程,丰富教师生活技能,增添教师职业生活乐趣。

② 心理健康课程:进一步关注教师的心理健康,通过团队游戏、心理健康知识讲座等形式,帮助教师树立积极健康的职业心态和阳光向上的生活态度,使广大教师积极、乐观、愉悦。

2. 教师"幸福成长课程"内容设置

学校邀请教育专家入校,与专业教师培训机构签约,针对三大教师课程,设计选取了适合学校教师的培训内容,根据教育教学工作的实际需要开展相应培训(表3)。

表3　教师"幸福成长课程"内容安排

课程内容类别	课程名称
教师 幸福生活	精心阅读,品味幸福
	简快幸福学堂
	现代礼仪与教师素养
	神奇的"结"——生活安全技能培训
	迎中秋,制作手工月饼培训
	儒学与人生——人文素养提升
教师 专业成长	如何让语言具有感染力——教师沟通表达艺术专题培训
	核心素养,怎么看?怎么办?——核心素养专题培训
	运用现代化信息手段,打造数字化智能校园
	新时代,新矛盾,新征程——专题学习培训
	弘扬传统文化,辅助现代教学,塑造高尚师德——《论语》传统文化之用专题培训
	让教育与生命灵动共鸣——邀请青大合作办学专家进行学校文化建设解读
	"大学习、大调研、大改进"之新闻媒体宣传工作专题培训
	书墨飘香,尽染芬芳——教师书法培训
	教学研究及管理专项调研反馈分析培训

课程内容类别	课程名称
教师 专业成长	教师与家长的沟通与合作,实现家校合力专题培训
	学文摘,用文摘——悦动课堂研究专题学习
	法制、安全专题培训
	优质课堂的构建专题培训
	如何提升教学能力专题培训
	教育科研能力提升专题培训
	富脑赋能,智慧成长——骨干教师外出学习二次培训
教师 德养风尚	增强"四个意识",坚定"四个自信",深入学习习近平总书记在2018年全国两会上的系列重要讲话
	"不忘初心,牢记使命"专题培训
	规范教育行为,高效提质减负
	学习卢永根,争做"四有"好老师专题培训
	教师的师德之如何提高教师魅力专题培训
	强学习、找问题、追榜样——师德师风整改行动
	《市南区教师违反职业道德行为处理办法实施细则》专题学习培训
教师 心理健康	意识形态形势及对策
	教师专业自我意识测评
	钱塘听潮,学正志远心理健康培训
	遇见更好的自己

（三）家长"幸福成长课程"构建

每一个孩子的健康幸福成长都离不开家庭的影响和家长的教导,引导家长建立经营幸福生活的意识,帮助家长持续提高科学育子幸福生活的能力,可以有效促进孩子学习、生活幸福感的提升。因此,课题组依托学校灵动文化,依据家长、学生问卷对家庭教育状况、家长育子观念等进行调研分析,以"做智慧家长,伴幸福成长"为课程理念,针对家长群体特点进行了家长"幸福成长课程"构建研究,形成了《家长"幸福成长课程"实施方案》。

（1）普适课程促进整体提升。针对家长课程目标,结合学校德育实施重点,课题组以学年为授课时间单位设计了面向全体家长的教学内容和实施指导(表4)。

表4　家长课程教学内容和实施指导

	教学内容		教学方式	授课人
基础内容	法律法规	《义务教育法》《未成年人保护法》《中小学生日常行为规范》等政策和法规	讲授法 学习分享 微信订阅号	班主任、法律专业人士
	家庭教育基本知识和方法	做合格家长必备的素质及修养、中小学生良好的行为规范和良好的道德品质的培养、中小学生生理卫生和心理卫生健康教育、中小学生个性心理特点、个性心理的发展与教育、情感教育与智力教育	讲授法 案例分析 经验交流 问卷调查 微信订阅号	班主任
	理念提升	依托《父母课堂》《家庭教育》等优秀教材,就科学育子,从营养健康、亲子关系、前沿/优秀教育理念等方面对家长进行教育理念的提升,引导家长形成科学育子观,不断改善育子行为	专家讲座 学习分享 经验交流 微信订阅号	教育专家 班主任
专题内容	普适宣讲	让家长了解学校、了解班级、了解孩子的在校情况,向家长了解学生在家庭、社会中的情况	讲授法 分析、建议 微信订阅号	学校领导 班主任
	衔接教育	主要针对低年级"幼小"衔接、高年级"初小"衔接及各年段/年级衔接,从儿童身心特点、习惯培养、能力训练、情感需求等不同角度对家长进行指导,提出建议	主题讲座 经验交流 微信订阅号	班主任 优秀教师 家长 专家
	优良家风	家风是一种综合的教育力量,它通过日常生活影响孩子的心灵,塑造孩子的人格,是一种无言的教育。引导家长重视家风对孩子的影响	案例分析 故事分享 征文、评优 微信订阅号	班主任 优秀家长 专家
专题内容	亲子阅读	引导家长充分重视阅读,指导家长营造书香家庭,对亲子阅读方式、内容、目标等进行有效指导	合作体验 主题讲座 微信订阅号	语文教师 专家
	心理健康	针对学生年龄特点,对心理干预、孩子注意力训练、正确处理亲子关系等进行专门指导	案例分析 沙龙、咨询 专业干预 微信订阅号	专家 班主任
	安全教育	结合校园安全教育内容,针对学生离校后的出行安全、饮食安全、活动安全、居家安全等对家长进行意识、方法方面的培训和强化	安全教育平台 微信订阅号	分管领导 班主任

（2）分层课程满足个体需求。对于在家庭教育中有特殊需求的家长,学校定期开展个性化分层授课。具体做法是:学校先通过问卷调研,了解家长对课程的具体需求,再梳理出培训专题,通过邀请专家、聘请第三方的方式开展个别化、沙

龙式培训,帮助家长消除困惑,找到有效解决问题的途径和方法,进而解决家庭教育中的问题。比如,某学期,学校调研分析后,邀请教育专家分别面向对家庭教育有不同问题和不同需求的小范围家长群体开展了"培养孩子的创新思维——让你的孩子更优秀""你不知道的好成绩背后——注意力的影响""读懂孩子,呵护童心,夫妻合力,助子成长"等主题的平行授课,帮助家长重点解决了"培养创新思维,提高创新能力""孩子注意力较差造成学习效度不高""家庭教育能力不足,缺乏方法指导"等家庭教育问题。从家长的调研反馈中可以看到,这种分层培训是卓有成效的,很受家长欢迎。家长能够从教育专家的讲授中找到解决家庭教育问题的方法,提升家长进行家庭教育的能力,促使形成家庭的幸福氛围。

五、分析和讨论

(一)学生在自主中成就更好的自己

"幸福成长课程"作为学生的学习生活平台,引领着学生以积极的状态不断完善自我,进行自我教育,从而走向更美好的未来。

1. "核心—主题—个性"三级互动的课程体系促进学生的健全发展

健全发展是指身心的健康发展,基本素养的全面发展,个人潜力的充分发展。学生的"幸福成长课程"从纵向来看是三个同心圆,其中,核心课程是中心圆,最大限度地满足了学生对国家课程的学习需求,并在不同学科相互交融碰撞的基础上不断整合,结合地域特点和校情延伸拓展出校本特色课程。第二个圆是主题课程。它打破了学科壁垒,以主题为单位开展综合实践活动,重在发展学生的团队合作、自主探究、综合运用以及实践等能力。个性课程包括发展学生兴趣爱好的兴趣课程与发展学生自主创新能力的社团课程。三级课程相互渗透,不断生成新的课程,满足了学生全面发展的需求。

"幸福成长课程"通过核心课程满足学生基本发展需求的同时,主题课程、个性课程给了学生更多的选择、尝试的空间,课程的内容安排关注到了每一个学生的需求与发展。另外,核心课程中的健康课程、艺术课程,重点关注学生的身心健康和审美情趣的发展,引导学生从全面基础发展走向综合健全发展。

2. "体验—自选—留白"三律互存的课程实施实现学生的自主发展

自主发展是指在自我发展需求及意愿基础上,学生个体内在地、主动地发展。"幸福成长课程"强调学生体验,尤其强调学生通过参与获得自主意识,进行自我完善,实现自我教育。这些课程给学生提供了很多选择的机会,比如,核心课程中,学生自主选择合作小组,根据自己的需要自主选择进阶课程;主题课程中,自主选择研究的小主题,自主选择合作小组,自主选择工作任务;个性课程中,自主选择兴趣课程,自主选择社团。众多的选择机会,让每一个学生都有一份属于自己的个性课程表。

课程体系中留白的理念是指学生作息时间的留白,给了学生自由支配的时间;空间上的留白,给了学生自由创造的空间;课程内容的留白,给了学生自由感悟的机会,使其可以依据爱好安排学习内容,自主发展学习兴趣。这样的课程实施真正促进了学生的个性发展。

3."教授—学习—评价"三环互通的评价系统引领学生和谐发展

和谐发展是指依循自然的法则和人的身心发展规律,使学生的身心协调发展,人与人、自然、社会和谐发展。"幸福成长课程"评价体系从学生的核心素养出发,关注学生终身发展所需要的人格素养和必备学力,以"乐学""学会""会学"作为评价目标,通过评价学生的学习状况来反思教师教学,打通了"教授—学习—评价"三个环节。此评价体系将"乐学"放在第一位,并渗透到每一门课程当中,旨在引导学生在课程学习中激发兴趣,培养良好的学习习惯。"学会"是此评价体系的第二维目标,指向知识技能指标的达成,通过创设情境,让学生在自主探究中获得学习方法与学习能力。"会学"是此评价体系的第三维目标,关注学生运用方法解决问题的能力、实践创新的能力,并使其最终拥有持续学习的能力。

此评价体系较好地处理了整体评价与学生个体、教师个体评价之间的关系,既注重学生个体起点的差异,也注重过程与结果的差异,既给予了每一个学生成长路径指引,也给予了教师教育教学上的引导。在这里,评价不是一刀切,而是引领每个个体和谐自然发展。

(二)教师在研究中主动找寻教育价值

"幸福成长课程"从建构到实施,秉承的是自上而下与自下而上相结合的原则,让教师一同参与研究,在研究中理解课程的建设、实施理念,从而逐渐摒弃"以成绩定成败"的评价方式,更关注学生综合素质的发展、学生学习能力的提升、课堂教学的过程,进而重构课程观、课堂教学观,尽最大可能发挥课堂教学的作用,把握教学本质,提升学生的综合素养。教师在这一过程中不断迸发教育的火花、生成教育的灵感,越来越具有教育情怀。

1. 在研训中找到合适跑道

课程改革的关键在教师,为此学校依据教师的成长需求和教学水平,以青蓝工程为抓手,建立一对一、一帮一的师徒关系;充分发挥骨干教师"传、帮、带"的积极作用,以老带新,以新促老,成功实现了青年教师"半年入门、一年合格、三年胜任、五年成骨干";新老教师的教学相长,提高了整体业务水平,形成了浓厚的学术氛围。

2. 在研究中实现自我价值

教师不仅是课程的实施者,也是课程的开发者,更是课堂教学改革的践行者。

（1）在课程研究中做课题的带动人。

在课程的研究过程中,教师们自愿成立课题项目组,从学生的核心素养出发构建和开发课程,通过课题研究激发自身的科研内驱力。课题研究不仅激活了潜藏在教师们内心的教育情怀,还改变了他们的教育观念和工作状态。

（2）在课堂改革中做学习的引领人。

课程的有效落实关键在课堂,但课堂教学的改革必须有课程整体思维。学校课堂教学紧紧围绕课程目标,让每一个学生积极地走向世界,在自主中成就更好的自己。通过改变评价方式,以学评教,重新定位好课的标准;改变共享形式,促使学生走班、教师走课;成立学习共同体,让学生在自由组合中合作学习;尝试实践作业,揭示快乐学习的密码;运用脑科学理论,让思维插上问题的翅膀;对话教学资源,让学生站在课堂中央,促使课堂教学中师生角色的重新定位,引导教师深层次思考课堂结构中各要素之间的组合关系,让教师更好地关注每个学生,发展学生的综合能力。

（三）学校因师生的幸福成长得以发展提升

从"幸福成长课程"的构建到实施,我们渐渐感觉到学生的变化,他们变得更开心、善思,自主参与能力、合作交往能力、动手能力更强了;教师也在悄悄改变着,变得更加耐心、善学,合作研究意识更强了;学校也发生了改变,变得更加民主、开放,逐渐成为关注生命发展的幸福校园。

三年多的时间里,学生有近 500 人次在全国、省、市等各级各类比赛活动中获奖或进行团体展示。教师多人次在省、市、区进行公开课展示,或在赛课中获得佳绩,其中省级课 3 节、市级 17 节、区级 27 节;8 名教师分别荣获"市南区最美教师""市南区优秀教师""市南区优秀班主任""市南区德育先进工作者""优秀共产党员党员"等称号,获奖人次较前一个课题研究周期提升超过 100%;教师撰写论文百余篇,获奖或发表 20 余篇。

　　学生的转变,教师教育教学能力的提升,给学校带来了欣然向上的发展,学校先后获得了"最具活力中小学""青岛市文明校园""青岛市科研卓越校园""青岛市四星级阳光校园""青岛教育家校共育示范学校""青岛市中小学高水平现代化学校"等称号。

第二章　学科课程实施

探索差异研究，构建幸福课程

——语文学科"幸福成长课程"实施策略

青岛燕儿岛路第一小学　鞠　蕾

学校语文学科组紧紧围绕课题"差异教学视域中的小学'幸福成长课程'构建研究"，结合国家"双减"政策要求，积极开展基于学生核心素养、注重学科德育渗透、深化教育教学改革的语文教学研究。我们以"差异研究"为载体，开展智慧教学，确立"课内外延展阅读策略探究"为研究子课题，打造灵动课堂，提升教学品质，形成以下教学研究策略。

一、实效教研促灵动课堂

1. 紧跟科研方向明确教学方向

结合区域开展的学科教学新理念，加强学科统一学习和个体自修相结合，及时更新教育教学理念。围绕单元备课，以主题教研手册为依托，每位教师选定研究子课题，积极开展课题研究。

2. 借助观课量表改进教学策略

语文学科组积极进行学科研究，以读写结合为抓手进行多角度群体观察，教师人手一张观察表，从课堂听讲质量、课堂回答情况、学习目标达成、小组参与程度等方面了解各层次学生的学习情况，从提问、评价、教学活动设计、多元互动等角度对课堂教学进行全方位的观察。多角度、深入的观察使教师更清晰地了解了学生的差异,从而有针对性地研究教学策略。例如,在听雷双歌老师执教的《牛郎织女》一课时,老师们从各自的角度出发,对课堂中学生的参与程度、目标达成的有效性、课堂方法与资源实施等方面进行细致观察,发现学生发言面广,先后有18人回答了问题,学生回答问题的声音洪亮、思路清晰、表述完整,教师对课堂教学环节设置用心,如设置了8分钟的自主合作学习,由扶到放,从学生感兴趣的角度出发,使学生听课质量和参与课堂的积极性明显提高。

二、学科整合提灵动素养

为提高学生学习的积极性,开拓思维能力,语文学科组积极开展学科整合教学研究,从跨学科整合到学科内的单元整合再到课内带课外的整合等,不断探索更加高效实用的教学方式,让学生能够通过语文课堂获得知识、开拓视野、提升素养。

(一)语文学科的横向整合

通常选取在内容上、体裁上、阅读或写作方法上有相同或相似点的课文,采用以一篇带多篇、以一篇带一单元等方式,以阅读带动习作,从文本落脚到生活,从而提升学生的语言文字运用能力。如二年级的田宁老师在执教《木兰从军》时使用了一系列连续动词,"披战袍,跨骏马,渡黄河,过燕山",通过创设情境,引导学生抓住连续动词,激情昂扬,语速稍快,烘托出前方战事紧急,映衬出木兰的英勇和坚定。然后,田老师带学生整合学习《沉香救母(一)》中出现的连续动词,"不知翻过了多少座高山,也不知跨过了多少座深涧",以及《台湾的蝴蝶谷》中的"一群群色彩斑斓的蝴蝶飞过花丛,穿过树林,越过消息,赶到山谷里来聚会"。学生美美地圈一圈、读一读、背一背,体会连续动词在不同语境中的表达效果。

(二)课内外阅读的整合延展

如今,课内阅读已经不能满足学生的阅读需求,因此,语文学科组以课内学方法、课外用方法的方式,引导学生拓展阅读量以及知识面。如二年级的田宁老师在课堂上抓住学生感兴趣的部分,补充了《木兰从军》连环画,配合图片阅读木兰在战场上英勇杀敌的故事,理解了"赫赫战功"的意思,并体悟出课文表达的思想感情。同时,布置的作业是让学生再找找感兴趣的连环画读一读,进一步培养学生主动阅读的兴趣。四年级的刘向老师在《黄河的主人》一课中,抓住环境描写、侧面烘托对表现人物的作用这个点,引导学生用课上学到的方法读经典名著《三国演义》《西游记》,达到以一篇带动整本书阅读的目的。

(三)与其他学科的整合

1. 与海洋学科整合

三年级雷双歌老师执教的《赶海》一课,与海洋学科有密切联系。雷老师结合了本学期海洋行走课程的研学旅程和课下体验赶海的实际经验,让学生搜集有关海洋学科的知识,进行海洋知识的拓展延伸,让学生将实践与文本相结合,体验赶海的乐趣。

2. 与音乐学科整合

歌曲激趣导入,学唱与文本相关的歌曲,激发学生学习的兴趣,深入了解所学知识。如一年级的郝增嵘老师在执教《动物儿歌》一课时,在课前播放歌曲《动物唱歌》。这是一首学生在音乐课上学过的歌曲,在快乐的音乐氛围中导入新课。雷双歌老师的《赶海》一课,课前也给学生放送了歌曲《大海啊,故乡》的片段,激发了学生的学习兴趣。音乐创境朗读,指导学生配乐有感情地朗读。在学习"蜻蜓半空展翅飞"这一句时,播放歌曲《小蜻蜓》,引导学生一边唱歌,一边体验小蜻蜓在空中飞舞的动作,并引导学生有感情地朗读课文。

3. 与美术学科整合

教师引导学生将课义内容及亲身感受用绘画的方式展示、内化,同时将绘画内容用学过的方法说一说、写一写,进行读写结合练习。如《动物儿歌》这篇识字课文配有生动有趣的彩图,展现了动物活泼、快乐的画面。受此启发,郝增嵘老师设计了引导学生画动物并借助图画进行说话练习的环节。学生在家预习时画好自己喜欢的动物,在课上进行交流展示,教师相机引导学生借助图画创编小儿歌,激发了学生的学习兴趣。雷双歌老师引导学生将赶海的感受用画画出来,并将美术作品与读写练习联系在一起,运用本节课所学的写作方法描写自己的赶海经历并相互交流评价,起到互相促进的作用。

4. 与传统文化学科整合

田宁老师在执教《木兰从军》一课中,结合北朝民歌《木兰辞》,让学生配乐朗读《木兰辞》中的相关文字,利用古诗文语言简练明快的特点,在入情入境的朗读中,感知木兰替父从军、不畏艰险的高尚品质。

三、浸润文化传灵动底蕴

(一)吟诵经典诗文,传承文化底蕴

为促进学生更好地汲取中华传统文化精华,感受经典,浸润经典,语文学科组积极设计研发读本《小龙人诵经典》(图1),组织开展"小龙人经典诵读"活动。

图1 《小龙人诵经典》

1.分层设置促发展

《小龙人诵经典》读本内容涉及文言文、古诗词、成语类等。根据不同年级学生的学段特点,我们设计了针对一至六年级学生的六本读本,以学段认知规律为基础,制定符合不同年级特点的诵读目标。例如,低年级:接触经典,感受经典,熟读成诵,能讲会用;中年级:亲近经典,喜欢经典,朗朗上口,引经据典;高年级:激活经典,丰富经典,一一入心,赏析运用。除了分级分册外,还在每个类别中设计"必诵""选诵"篇目,让不同年级、不同层次的学生都能选取适合自己能力的诵读篇目,达成自己的诵读目标。

2.评价多样激兴趣

小龙人经典诵读活动的评价方式多种多样,有老师评、其他年级同学评以及诵读达人挑战赛等评价手段。同时,完成背诵的学生可以得到"龙印"奖励,五枚"龙印"可以换一枚龙币,一学期集满十枚龙币,学校将授予"诵读小龙人"荣誉称号。如此,学生能一点点见证自己的成长和进步,同时能感受传统文化的魅力,提升文化底蕴。

（三）探究传统节日，感知文化魅力

引导学生结合传统文化、传统节气，积极开展丰富多样的语文实践活动，开展"悦动语文节日篇"系列研究，去实践、品味不同节庆中的语文味，从而激发亲近传统文化、学习传统文化的积极性。例如，结合清明节的特点，语文学科组设计了三种不同的探究报告形式，分别为"赏清明""品清明""诵清明"。"赏清明"，引导学生走出家门，感受大自然的季节变化，用镜头、画笔、游记小文记录下这个时节的美，从而理解"清明"的由来，感受文化与生活的联系。注重分层设置，根据年级特点，通过小提示"我的踏青观察——观察你看到的景物，写清楚它的样子、颜色，还可以添加你了解到的小资料等"，引导学生有目的地观察和记录。针对低年级学生的特点，还设计补充了小练笔："今天我去游玩，这里＿＿＿＿＿＿＿的，可真＿＿＿＿＿＿＿呀！我最喜欢了，它看上去真是太＿＿＿＿＿＿＿了！"让低年级的学生写起来有抓手。"品清明"，探访清明节的传统美食，了解美食背后的故事，并通过设计"晒一晒我制作的青团照片""画一画我做的青团""写一写制作青团的过程或品尝青团的感受"等小板块，引导学生做一做、尝一尝，品味清明的味道。在"写一写"板块中再次体现分层思想，提示学生根据自己的情况，任选一项记录收获：① 怎么做（选取制作片段，用上表示动作的词和表示顺序的词），如"制作青团的时候，要先……再……然后……最后……"；② 写写青团，如"我的青团出锅了，它看上去……闻上去……摸一摸……尝一尝……"。"诵清明"，引导学生查找、诵读与清明相关的诗文，在吟诵中感知诗人的情感，探究清明节的风俗习惯，更深入地了解传统节日背后的故事。

通过这一系列实践活动的开展，学生逐渐了解传统节日、节庆，不仅感知了传统文化的魅力，同时也增加了民族自豪感。

四、德育一体促灵动育人

为提升学生的道德素养，使其成为有道德、有理想、有担当的时代好少年，语文学科组积极探寻语文课堂中的德育渗透点，从"热爱家乡""心系祖国""壮美山河"等角度，对教学内容进行梳理和整合，解读德育目标，并根据学生特点、学校特色，确定实施方案。例如，在一年级的《升国旗》一课中，教师找到文中的德育渗透点为"儿歌短小精悍，有叙述，有抒情，凝练地传达了国旗的知识、升旗的庄重，充分地表达了爱国情感"。根据德育渗透点，进行德育目标的解读："引导

学生在阅读中理解国旗的含义,知道升旗是一种庄重的仪式,要立正敬礼,懂得尊敬国旗,热爱国旗。"最后立足教学实际,确定实施方案为:"① 建议教学时通过多媒体演示升国旗、奏国歌的场景,让学生感受国歌的雄壮和国旗的美丽。通过多媒体课件中小朋友的动作,让学生知道升国旗时我们必须立正、敬礼。② 以'厉害了我的国'为主题开展研究性学习,了解国旗、国徽、国歌等知识,热爱我们伟大的祖国,从小培养高尚的爱国情操!"最终促进德育渗透点在语文教学中的真正落实。

五、海洋阅读显灵动特色

为结合学科特点、体现区域特色,语文学科组积极响应市南区语文"海之魂——小学语文海洋主题阅读课程"研究,开展海洋阅读研究。搜寻了大量与海洋相关的阅读篇目,结合学生实际精心筛选,确立了精读课文、略读课文、整本书推荐、拓展资源四大板块,引导学生通过整本书阅读,开拓视野,提升阅读能力。

同时,积极开展小学语文海洋主题阅读课程实施方案研究,从每篇选文的内容、题材、读写结合点等方面解读课程基本内容。根据学段特点,设计便于操作的课例教案、学科活动建议、相关资料补充等。根据所选文章,联系生活实际,提出课外资源利用建议。例如,周末去金沙滩、石老人海水浴场游玩,感受海的美;到海军博物馆参观,学习海洋知识;采集海洋生物标本,利用贝壳制作小摆件,提升审美能力,陶冶情操;学习海洋歌曲,感受大海的魅力。

在语文学科组的不懈探索下,学校语文学科逐渐形成具有学科特色的灵动教学研究。在研究过程中,学生也提升了语文素养,丰富了知识,增长了见闻,积淀了文化底蕴,得到了成长!

培养学生数学素养，促进学生幸福成长

——数学学科"幸福成长课程"实施策略

青岛燕儿岛路第一小学　关　欣

数学是一种文化，也是一种学科素养。培养学生的数学素养，可帮助学生在高效学习数学知识的同时，促进学生想象力、逻辑推理及分析能力的发展，实现综合素质的有效提升。数学素养的培养和提高，不是靠一两节课教学就能实现，教师必须在长期的教学过程中坚持不懈地、多渠道地、多方面地努力和探索。数学教师不能只满足于教给学生知识，更应致力于全面提高学生的数学素养，从而促进学生幸福成长。

一、以说促思，培养数学思维能力

培养学生的口头表达能力是每位教师不可推卸的责任。数学作为一门逻辑性很强的学科，需要学生在表达时更精练、更完整、更富有逻辑。数学课堂也应该是学生口头表达能力训练的主阵地。教学中通过训练学生语言表达的逻辑性，教给他们正确的思维方法，逐步引导他们通过一些具体的数学事实、数学现象把握事物的本质特征，总结数学的基本原理和规律，从而使其认识水平提高，循序渐进地获得数学理论知识。在小学数学教学中，教师可有意识地进行"说"的训练，精心设计数学语言的阶梯，引导学生将日常语言转化为数学语言，再将数学语言抽象成数学算式，通过"说"的过程使思维过程明确化、深刻化，从而强化其认识过程，发展思维，培养能力。

那么数学教师应从哪些方面训练学生的口头表达能力呢，即在数学课上学生应"说什么"？教师可以通过说过程、说算理、说方法、说规律等一系列说话活动，把学生认识数学的过程、思维的结果表达出来，从而达到既使学生掌握数学基础知识，又培养思维能力的目的。

（一）说过程，思维有形

在数学概念教学中，如果只强调学生死记硬背结论而忽视知识发生过程，那么学生不仅对概念的理解不深不透，而且不能灵活运用。学生进行一种新的智力活动要经过实物操作阶段、出声思维阶段和不出声思维阶段。学生形成概念的过程,一般按实践操作—形成表象—语言内化—抽象概括的程序进行。

在这里与大家分享一个"能被 3 整除的数的特征"的教学片段。第一步,通过操作具体感知。首先让学生准备一张数位顺序表和一盒火柴,并在个位、十位、百位上依次摆上火柴棒,然后再扩展到千位、万位……在学生摆火柴棒时,教师要求他们思考三个问题:① 摆出了一个什么数? ② 用了几根火柴棒? ③ 摆的数能被 3 整除吗? 第二步,借助表象进行思考。学生 A 说:"我摆的是 501,用 6 根火柴棒,501 能被 3 整除。"学生 B 说:"我摆的是 324,用了 9 根火柴棒,324 能被 3 整除。"学生 C 说:"我摆的是 314,用了 8 根火柴棒,314 不能被 3 整除。"……第三步,语言内化。教师引导学生分析、思考:摆的数有的能被 3 整除,这些数与火柴棒的根数有什么关系? 学生各抒己见。第四步,抽象概括。学生通过讨论总结出"有的数各数位上的数的和能被 3 整除,有的数各数位上的数的和不能被 3 整除",并由此概括出:"一个数各数位上的数的和能被 3 整除,这个数就能被 3 整除。"这样通过第一信号系统(直观操作)与第二信号系统(语言表达)协同活动、相互支持和调节,学生就能够比较准确地抽象概括出能被 3 整除的数的特征,从而培养了思维能力。

(二)说算理,思维有据

抽象的算理是数学中的难点,教学中要尽可能通过直观演示等手段化抽象为具体,让学生明确算理。例如,教学 24×13 时,先展示一幅点子图,每排有 24 个点子,共有 13 排,然后问学生:"你能用某种方法算出共有多少个点子吗?"学生观察点子图,通过积极思考想出了数数、分排计算等多种方法,其中一种就是:先算 3 排有 72 个,再算 10 排有 240 个,把两者相加得 312 个。算式是 $24 \times 3 + 24 \times 10 = 312$。教师在肯定学生回答的同时,让他们观察乘法竖式用 3 乘 24 就是先算 3 排点子,再用十位上的 1 即 10 去乘 24 得 240,就是 10 排的点子数,然后把两者相加,这两种计算方法的算理是一致的。通过点子图的辅助,不仅得出了乘数是两位数乘法的笔算方法,而且使学生由具体思维过渡到抽象逻辑思维,逐步学会有条理、有根据地思考问题。

(三)说方法,思维有路

教学中通过训练学生语言表达的逻辑性,教给他们正确的思维方法,逐步引导他们通过一些具体的数学事实、数学现象把握事物的本质特征,总结出数学的基本原理和规律,从而使其认识水平从感性上升到理性,循序渐进地获得数学理论知识。

(四)说规律,思维有序

数学是一门逻辑性、思维性、系统性很强的学科,知识间的内在联系十分紧密。教学中,可引导学生发现形成新知识的规律,通过语言表达规律,不断提高思维层次,从无序到有序,促进学生把知识结构内化成认知结构。

二、小组合作探究,合力促进学生全面发展

合作学习是促进学生自主学习、探究学习的有效途径。基于此,小组合作学习自然就成为新课程教学中应用的最多的教学组织形式之一。小组合作学习的实质是提高学习效率,培养学生良好的合作品质和学习习惯。小组合作学习的重点在于小组合作是否有效,只有有效的小组合作,才能使课堂达到高效。例如,教师在讲授六年级下册第三单元第二信息窗《比例的基本性质》时就引导学生充分运用小组合作学习模式探究新知,促使学生在合作中自由探索、幸福成长。

【教学片段】

(1)师:看到这些比例,老师产生了一个问题(课件)。在比例中,每组比例的两个外项和两个内项之间有什么关系呢?

(2)师出示学习指导:下面请同学们按照学习指导的要求,完成学习单上的探索发现之旅部分。

(3)学生小组合作学习,教师巡视,提要求:每人有分工,汇报有条理。

(4)小组汇报。

生1:在$6:4=3:2$中,两个外项的和是8,两个内项的和是7。

生2:在$6:4=3:2$中,两个外项的差是4,两个内项的差是1。

生3:在$6:4=3:2$中,两个外项的积是12,两个内项的积也是12。

(板书:$6\times2=12,4\times3=12;6\times2=4\times3$)。

生4:在$6:4=3:2$中,两个外项的商是3,两个内项的商是$\frac{4}{3}$。

生5:通过观察数据,我们组的同学发现了在比例中,两个外项的积是一样的,两个内项的积是一样的。

生6:我们用$2:1=4:2$这个比例来验证,发现两个外项和两个内项的积都是4,从而验证了我们组的发现在任何一个比例中都是成立的。

汇报结束,其他学生对这个小组的汇报非常满意,并对小组成员自信的表现报以热烈的掌声。

(5)师小结:经过刚才的探索发现之旅,我们发现了存在于比例中的这个规律(板贴:在比例中,两个外项的积等于两个内项的积),这就是我们要学习的新知识(板贴:比例的基本性质)。

(6)师回顾学习过程:首先我们借助这几组比例产生了这样的"猜想",接着我们进行了举例"验证",发现我们的这个"猜想"是正确的,最后"总结"出了比例的基本性质。同学们,猜想、验证、总结是我们数学课上经常用到的解决问题的方法。

教师把几个重要问题全部落实到小组合作学习过程中,放手让学生根据学习单的要求完整地经历算一算、想一想、说一说、证一证的探索过程。小组合作学习过程中,在组长的带领下,每个组员有任务分工,有讨论交流,有汇报反馈。学生在课后的数学日记中对这节课的感受是这样描述的:"……现在,这种学习方法不仅可以让我们更有效率地学习,还可以让每个同学都学到知识、都发言!虽然只有一两句简短的话,但较从前,不仅锻炼了同学们的表达能力,还对题型有了更深的了解,加油吧!""在以前的数学课上,老师都是带着我们学,就是老师在屏幕上出示一个规律或老师说出来。不过这次,我们是四人小组自己研究出来的,自己举例验证,自己发现,自己提问,一切都自己来。"学生们的这些话,给了我们深深的触动。其实每个学生都具有巨大的潜能,都渴望学习,而教师改变的不只是教学方法、教育理念,还可能从此改变了这个班里的学生对学习的态度以及他们对人生的态度。

三、分层设计问题,在实施中落实差异教学目标

爱因斯坦曾说,提出一个问题比解决一个问题更重要。课堂提问是引发学生思考的主要手段,是教学活动的主要方法。在教学中,要实现学生学习方式的改变,就是要把学习过程中的发现、探究、研究等认识活动凸显出来,使学习过程更多地成为学生发现问题、提出问题、分析问题、解决问题的过程。例如,教学三年级下册《对称》这节课时,教师在问题的设置上进行了分层设计:一星代表普通问题,面向全体学生;二星代表有难度的问题,面向三分之二的学生;三星代表较难的问题,面向反应快、能力强的学生。分层问题可以让不同层次的学生都有收获和提高。

　　兴趣是人们获得知识与技能的一种力量,而数学课中不可避免地存在一些缺乏趣味性的内容,这就要求教师有意识地提出一些问题激发学生的学习兴趣,从而使学生带着浓厚的兴趣去积极思考。在导入部分,教师手拿两幅剪纸作品,作为本节课对学生的奖励,让学生选择:"你喜欢哪一个?为什么?"这是一个两星问题,学生单纯从个人的角度出发,说出自己的感受。当然,在学生回答时教师发挥了引领作用,不能让学生的回答偏离了教学的方向。大部分学生积极举手回答自己的选择,教师也在学生的回答中导入新课教学。

　　教师所提的问题的答案不是唯一的,学生回答这类问题时需要综合运用各种知识,跃出线性思维的轨道,向立体型思维拓展。因此,这类问题对于学生形成良好的认知结构,发展思维的灵活性、创造性都是十分有益的。在用课件展示一组照片后,教师提问:"看完这些照片你们想说点什么?"这其实是个三星问题。因为学生刚刚上课,对照片的印象完全是模糊的,只是感性地理解,其实这就是这个问题的目的,教师想让学生说出对对称现象模糊的认识,所以有的学生说:"美"。有的说:"对称,两边一样。"学生其实怎么说都行,在说的过程中学生紧张的情绪也就慢慢地放松下来。正因为有了导入部分的铺垫,学生的回答也是教师意料之中的。教师在学生的回答基础上加以引申,生成了对称的概念。在照片变成平面图形后,教师问:"你又有什么感受?"这个问题和刚才的问题其实是一样的目的,就是让学生各抒己见。

　　教师设计问题时要考虑学生的认知程度,循序渐进,由表及里地引导学生积极思考,逐步得出正确的结论并理解、掌握结论。问题并不是为了一个学生而设计的,而是能让全体学生在一个问题的解决过程中,逐渐感知、理解,教师一定不能急于求成,只要学生回答了自己想要的答案,就马上进行下面的环节,别忘了还有一部分学生可能消化不了新知识。为了全面落实教学目标,在学生动手操作探究图形的特点后,教师安排了汇报交流活动。教师问:"下面哪个小组来汇报一下自己的研究成果?"这是个两星问题,可让表达能力比较好的学生先说,然后让有不同想法的学生说,再让有相同想法的同学也站起来说一说。这样就让更多学生得到表达想法的机会。教师再问:"你们是用什么样的方法来验证的?"这是个一星问题,因为大部分学生知道了或者前面已经有学生说过"对折",所以这个问题可以交给数学基础比较弱的学生,让他们也有发言的机会。

　　通过教师与学生的交谈,对称图形的概念基本生成了,而且展示在黑板上。这时教师要进行小结,把概念先初步地提一提,问:"通过研究,我们发现了这些图形具有什么共同特点?谁来说一说?"这其实就是一个在学生头脑中建模的过程。让学习好的学生带头说,其他学生再说。说了几遍后,让不会说的学生模仿说,在说的过程中教师还要纠正和鼓励,增强他们对概念的理解和记忆。这个问题的回答也为后面生成"轴对称图形"做铺垫。

在对称轴的教学中也同样运用了这一提问手段,训练学生用较规范的语言来叙述概念。在对称轴的对比中,教师问:"这条折痕所在的直线叫对称轴吗?为什么?"这是一个三星问题,有的学生感觉是对称轴,有的学生感觉不是但又不能完整地表达,这时教师先让反应快的两三个学生说,重没重合,两边一不一样,这是重点。然后教师归纳,只有对称图形对折的折痕,才是对称轴。教师随后问:"左右两边"指的是谁的"左右两边"呢?学生顺理成章地说出是对称轴的左右两边完全重合。这里可多找几个学生说。教师归纳:"我们就把具有这样特点的图形叫轴对称图形。"教师顺势问:"那么什么样的图形叫轴对称图形呢?"这看似是一个两星的问题,但学到这里,就已变成一星问题了,大部分学生在前面逐步理解的基础上,能顺利地回答出来。可以在学生回答了几次后,找几个后进生回答,培养他们的表达能力。自此,学生已经对轴对称图形有了初步理解,模型在头脑中已经初步建立起来。

四、结合学科知识,德育思想巧渗透

数学教师在教学过程中可充分利用相关链接知识,渗透学科文化,帮助学生了解与这些知识相关的文化,做好学生的道德教育工作。例如,在《认识人民币》这一单元中,每张任务单后面的链接部分都介绍有关中国货币发展史的知识,帮助学生了解我国各个朝代的经济社会文化发展情况,拓宽了学生的视野,提高了学生的学习兴趣。另外,因六年级学生已经认识了各种统计图、表,所以我们就设计了集实践性、综合性、阅读性为一体的创意作业:运用各种统计方法对现实生活中新闻媒体每天播报的某类数据,根据自己的统计需求,选择和应用合适的统计图进行统计整理分析,进而做出合理的判断和预测。学生通过这种统计活动,体会数学与现实生活的密切联系,了解统计图在现实生活中的广泛应用;提高观察、分析、归纳推理的能力。

培养学生的数学素养是新课标下小学数学教学的基本任务。教师需要提高教学意识,更新教学模式,通过以说促思、结合生活经验、应用小组合作、利用数形结合方法、开展数学活动等方式,促使学生拓展知识面,培养、提升创新思维能力,真正形成较好的数学素养。让学生在数学游戏、数学活动中边玩边学,激发学习数学的兴趣;让学生在数学文化中浸润,感受数学的美妙;让学生在数学中猜想和揭秘,感受数学的神秘。这就是数学的魅力,这就是学习数学的幸福所在。

因"异"而教,让英语学习成就学生幸福成长

——英语学科"幸福成长课程"实施策略

青岛燕儿岛路第一小学　况琳琳

不同的学生有不同的成长背景、不同的学习风格、不同的认知水平等,学校英语学科组教师在关注学生个体差异和不同学习需求的基础上,以学生需求为核心,实施差异教学,助力学生幸福成长。

一、重视差异,分析差异

近年来,学校一直承担安置外来务工人员子女的重任,目前学校外来务工人员子女占学校全体学生的一半以上。这部分学生的英语学习较属地生来说,无论是在学习兴趣、学习基础还是学习策略方面都存在一定差异。

英语学科组针对外来务工子女学生所占比例大、英语水平整体偏低的特点,分析了制约英语课堂教学的四大主要因素,即英语学习基础薄弱、英语学习兴趣不浓、英语学习策略欠缺、家庭教育缺失。面对这样的情况,我们认真进行归因分析后,决定把困难变成助推力,针对差异,因材施教,通过全组共同努力,让每一个学生的英语水平在原有基础上有所发展、有所提高。

二、针对差异,探寻策略

(一)怀揣着师爱与初心,竭尽全力

(1)想方设法,调动学生学习英语的兴趣,为学生创设良好的学习环境,有效促进学生的英语学习;不断积累经验,探索有效策略,针对差异学情确定英语学

科组的研究主题,力图激发学生学习英语的兴趣,调动学生学习英语的热情,帮助学生树立自信,有效促进学生的英语学习。

(2)"阅动童心,悦享英语——绘本阅读打造英语灵动课堂"研究就是英语学科组在经过两年多的探索后确定的学科教学校本化实施主题,初步形成了"课外资源激发兴趣""原创 chant 夯实基础""融入绘本提升能力"三个策略,即在"Warm up"环节以节奏感强、画面生动活泼、简短易学的英文歌曲调动学生的学习兴趣。随后在单元教学中,教师根据教学重点、难点及学情自编自创易于学生上口的歌谣帮助学生记忆三会、四会词汇,让每个孩子的嘴、脑都能动起来。最后针对模块主题,教师通过单元内容的整合、课外相关主题绘本的引入、学生创编绘本的指导,让学生在英语学习中找到自信,发展能力,提升学科素养,体验英语学习的幸福感。

(二)依托学校研究课题,确定学科组研究主题

(1)近几年,英语学科组曾先后依托学校"差异教学视域中的小学'幸福成长课程'构建研究""学科整合,引导学生自主学习,打造高效课堂"以及"基于核心素养的灵动课堂"等研究课题,确立英语学科的研究主题。

(2)每个学期,针对每个主题,英语学科组的各位教师采取分散学习与集中交流相结合的方式进行研究。平时在教学工作中注重理论学习及材料积累,做好学习札记的撰写。学期末,对自己的研究工作梳理总结,形成教学策略,并在组内分享。"基于差异的智慧课堂教学策略研究""大班额背景下小班化英语课堂教与学方式的研究""高效和谐,思维对话,努力构建低耗高效的自主课堂""阅动童心,悦享英语——绘本阅读打造英语灵动课堂"都是我们的研究主题。在此基础上,我们又将研究主题分学段细化为三个板块,即低年级:智慧课堂,"绘"精彩;中年级:主题背景下绘本教学活动探究;高年级:优化阅读素材,提升阅读品质。

(三)日常教学中,采用多种方式有效实施

(1)在日常的教学中,英语学科组根据教学目标,通过差异教学任务设置、差异化课堂练习设计、差异化评价语、差异化作业等提升教学活动的针对性并有效开展对学生的学习指导。我们确定了分层备课内容及学习目标:学生的共同学习目标;不同层次学生的预备学习目标;拓展性学习目标。基于全班所有学生的日常表现、问卷调查、知识检测等情况将学生分成若干小组。在教师的指导帮助下,每个学生制订一份属于自己的进阶表和成长计划,以便充分发挥集体教育和

个人教育的作用,使每个学生在集体中有学习的榜样,同时又不因暂时的落后而气馁自卑,影响学习积极性,真正让学生得到适合的教育。

(2)课堂上,教师要多倾听,善于发现,努力把以学生为中心的理念转化为教学行为,积极构建平等课堂,以满腔热情跟学生一起参与教学全过程。教师应尽力与每个学生都有交流、有互动,看到学生的发展变化,感受学生内心的情感变化。课堂上,教师要关注全体学生,对学生的每一个信息能够准确判断并及时做出反应;要引导学生围绕本课主题多观察、多思考、多发言、多练习、多探讨,逐渐培养学生的问题意识,进而不断增强学生的创新意识,扩大学生思维的广度与深度;要鼓励学生各抒己见,使课堂气氛融洽,课堂氛围轻松了,学生思维也会变得很活跃,问题的解决方法和角度就会多一些,学生的思维训练的效果也会得到有效提高。

(3)注重学生听、说、读、写等综合能力的提高。课文中简单的对话让学生先听后读,然后进行表演。表演前,教师可先示范。表演过程中,教师除要提醒学生语音、语调正确外,还应使学生注意交流手段,如表情、手势、姿态。这一环节中,教师应特别注意对学生的差异要求。例如,对于性格内向的学生,降低他们的学习标准和任务难度,当他们取得小小的成绩后,要及时鼓励他们,让他们产生成就感,能够在原有的基础上得到进步,体验到学习英语的快乐。个别后进生注意力不集中,教师就将教材内容化多为少,精讲多练,尽量提问一些难易适度的问题,让他们表演有把握的对话。这样后进生的自信心会慢慢提高,逐渐养成说英语的好习惯。这种和谐、愉快的课堂氛围,使学生敢于参与、乐于参与课堂。

(4)注重评价的积极导向作用。学校的"小龙人好习惯存折"活动旨在从学习方法、学习习惯、自主学习能力等方面培养学生自主学习的好习惯。例如,发言十次或者受表扬五次,可以往"存折"上存入一枚龙印,用以培养学生上课听讲、大胆发言的好习惯;练习册全对五次或者改错全对一次可以存入一枚龙印,背诵或者听写全对一次可以存入一枚龙印等,用以培养学生认真学习的态度,充分激发学生"我真棒,我想自己学"的学习主动性。

(5)要想帮助学生走出英语学习的困境,光靠学校教育或是家庭教育是不够的,因此我们建立了家校合作教育模式。首先,学校和家庭加强沟通,借助家长开放日、学校微信公众号等平台,让家长及时了解孩子在学校的英语学习情况。其次,指导家长的家庭教育,改变他们的教育理念,分享一些成功的育儿经验,让家长重视孩子的英语学习,尽量为孩子提供学习的资源、空间和时间。再次,实现家校互信共担、互补共进、互助共享的协同发展,切实优化外来务工人员子女的教育环境,增强育人功能,最终实现外来务工子女群体的健康发展。

三、团队力量,共享佳绩

(一)组内教师合作共进

教研组内的教研集备力求落在实处。基于学生们的差异,教师们确定了分层备课内容及分层目标达成练习,定期组织面对面座谈式教研,与网络教研相结合。英语学科组以课题研究为引领,以教学法研究为创新突破口,积极打造悦动课堂,让学生的学习行为活跃起来,让教师的教育理念活跃起来,让课堂授课灵动起来,不断提升英语教学质量。教师们围绕学生差异开展各项教学研究活动,每位教师都确立了子课题,分别从师生的有效活动、学生自主学习能力的培养以及同伴互助、合作学习等几个层面关注学生的差异,探索有效的教学策略。

(二)硕果展示

为激发学生学习英语的兴趣,英语学科组定期组织学生参加各种英语活动。"英语模仿秀""课本剧表演""我是英语小达人"……学生在活动中不断提升了英语水平。在市南区英语模仿秀活动中,学校学子崭露头角,脱颖而出,一举夺得市南区一等奖的好成绩,并代表市南区参加了青岛市的展示活动。

辛勤的耕耘,定会有丰硕的收获。经过几年努力,教师们也硕果累累:青年骨干教师郭鸥先后在区、市级优质课和"一师一优课"等比赛中获得一等奖,多次出区公开课,进行经验交流、案例分享,参加了"坚持立德树人,回归教育初心——青岛市小学英语学科德育纲要专题教学研讨"活动,进行课例展示,受到与会专家的一致好评;骨干教师况琳琳参加了市南区优质课比赛,进行区级公开课展示,并获市南区德育案例二等奖;青年教师杨小帆发挥专业优势,作为新教师先后执教区研究课、公开课……

四、与学生幸福地在一起

英语学科组将学生带入活泼灵动的英语课堂,因材施教的教学设计,不同层次的学习内容,形式多样、活泼有趣的练习,生动、有趣、直观的课件,有效吸引了学生的注意力,激发了学生的学习兴趣。小学阶段,不论学生提高与进步的程度大还是小,只要他们能够扬起幸福的脸庞,自信地走进初中,他们的成长与进步就是教师们最大的幸福!

借助生活化情境、教学评价策略的研究,助学生幸福成长

——艺术学科"幸福成长课程"实施策略

青岛燕儿岛路第一小学　刘清漪

美育是培养学生认识美、爱好美和创造美的能力的教育,是全面发展教育不可缺少的组成部分。而艺术教育,即以文学、音乐、美术等为艺术手段和内容的审美教育活动,也是美育的重要组成部分。学校严格落实美育课程开设的刚性要求,不断拓宽课程领域。艺术教师结合国家课程,通过课堂教学、艺术活动等多种形式,根据艺术课程目标,引导学生了解并掌握艺术基础知识和基本技能,提升文化理解、审美感知、艺术表现、创意实践等核心能力。

围绕区域研究项目和学校教研主题,近两年学校艺术学科一直围绕生活化情境以及有效教学评价不断进行课堂实践与探究,助学生幸福成长。

一、走进生活,让艺术之花浸润心灵

早在 20 世纪 20 年代,教育家陶行知就曾说过,"生活就是教育,在生活里找教育,为生活而教育"。艺术教学应把生活经验艺术化、艺术问题生活化。其实,市南区教育局从 2013 年就倡导进行生活化教学策略的研究,教师在日常教学和比赛中也以生活化为主要手段来呈现区域教育特色、学校特色,服务于艺术教学。

《义务教育艺术课程标准(2022 年版)》明确指出:教师要营造开放的学习情境,引导学生亲近自然,感受生活,让学生全身心地参与其中。在艺术课堂中我们也经常运用生活化情境教学策略引导学生感受美、鉴赏美。

(一)创设情境,感受艺术的美

艺术课堂中的情境创设是很有必要的,对于学生理解音乐作品等很有益处,但情境创设是以有效的教学活动为前提的,一定要突出艺术学科的特点。

在二年级《音乐小屋》一课的设计导课这一环节,教师请学生聆听《单簧管波尔卡》的伴奏音乐,做相关动作,动作的编排应和音高、节奏,学生在快乐的音乐情境中好像来到一个美丽的小屋前。"作为有礼貌的小客人,你应该怎样想办

43

法进入小屋呢？"学生结合生活经验回答"去敲门"。"那应怎么敲？用什么样的节奏去敲？"这就是音乐的融合问题了。这种以学生为主体，以学生生活经验为前提，把生活融入音乐的教学方法，深得学生喜爱。

在美术教学中，教师经常采用谜语创设情境导课，既能激发学生的学习兴趣，也能帮助学生抓住学习对象的特点。例如，在二年级的《好吃的水果》一课中，教师以猜水果的游戏导入："远看玛瑙紫溜溜，近看珍珠圆溜溜，掐它一把水溜溜，咬它一口酸溜溜。""远看红脸好相貌，近看一脸红疙瘩，虽说样儿小又小，为人解渴本领大"……一个个形象生动的水果形象，使学生直观了解了各种水果的形象特点，真的是"课伊始，情趣生"。这样的创境导入自然流畅，既用直观的形式激发了学生的兴趣，也贴合课时主题，又不离开课堂，为之后的学习打下基础。

（二）巧设语境，体验艺术的美

艺术课堂从不缺少语言对话，教师与学生在对话中"遇见"知识，让课堂充满活力。例如，五年级上册歌曲《晚风》教学中，结合生活实际，教师设计了这样的语言："晚风再次吹来，请大家用动作来感受音乐的节拍，并选择相应的情绪。""晚风阵阵，吹到田野，染红了晚霞，仔细听、用心看，老师随晚风画了几条弧线？"

生活化的语言其实始终伴随着师生的教学活动。一节课的时间是有限的，精练的语言、有效的设问更能体现引导的作用。

除了创境外，艺术课堂更应关注问题的启发性、简洁性、艺术性。例如，音乐教学中，因为音乐的强弱、力度的大小、节奏的疏密、速度的快慢等都是不可或缺的音乐要素，每一个要素都有不同的表现意义，因此每首作品都有不同的特点。课堂教学中，在播放音乐前，让学生带着问题、有目的地去听就能收到事半功倍的效果。例如，三年级歌曲《摇船调》教学时，学生在反复聆听音乐时，教师设置了以下问题："小朋友划船时唱了些什么？""听一听，他给我们出了几个谜语？""歌曲是按照怎样的顺序来唱的呢？""听听这四个谜语中有没有相似的旋律？"学生每一次聆听都有侧重点，并初步学唱歌曲。而针对歌曲的重难点部分，教师也借助生活经验，引导学生思考："他得意地出了这四个谜语，想考考大家，请你们来听听这两句'在眼前哪'，你觉得哪一句更像急切地想要划到目的地？哪一句像是在猜谜？"学生在聆听、对比、体验中，逐步理解歌曲的重难点。在学生学习歌曲的同时，教师又设计了相应的问题："我们用怎样的力度标记能表现小船走远了？""看来呀,这小小的谜语难不倒我们,你们猜出来的心情是怎样的？"一切都来源于生活,又不脱离生活。

当然,一堂生动的美术课也少不了艺术的语言。例如,在一年级的《长呀长》一课中,教师用一个生动的故事导课:"一粒种子沉睡在泥土里。天气渐渐暖和了,它伸出了幼芽,可是四周黑乎乎的,什么也看不见。这时天上落下了一些雨,水渗到地下。它喝了两口,使劲往上一挺身子,可是还是什么也看不见,蚯蚓过来了……"这时,学生也好像变身成为小种子,跟着那粒小种子一起长呀长……教师创设的情境为学生插上了想象的翅膀,让学生在情境中去感受、去创造。

(三)对比感知,理解艺术的美

课堂中引发学生情感波动最有效的方法莫过于对比,围绕音乐(美术)要素,对不同作品的对比引发学生不一样的情感体验。

音乐课中,图形谱是教师上课经常用到的一种教学工具,它可以把听得见却看不到的音乐,运用点、线、面等各种图形描绘出来,不仅可以帮助学生感受旋律的高低走向,还能辅助学生掌握乐曲的情绪和风格,有效解决教学的重难点,让学生易于掌握、乐于接受。

例如,六年级《赶圩归来阿哩哩》一课教学中,针对第一乐段高低起伏的旋律,教师通过图片等让学生了解彝族人民大都生活在山寨中,对他们来说,赶圩的路是高高低低、崎岖不平的。教师设计了相应的图形谱(课件 PPT 图谱),让学生一边看着图形谱,一边根据线条体验高高低低的山路,从模糊的听觉感知上升到具象的视觉感知。

艺术是相通的,音乐课堂会运用点、线、面等各种图形来描绘图形谱,美术课堂也少不了音乐的加入。在设计《我们身边的线条》这一课的教学时,笔者一直在思考如何能够更有趣地把这些线条介绍给学生。传统的课堂教学中,教师会出示图片,介绍这是什么线,让学生去认识它们。如何让学生能够在认识线的同时去感受这些线的特点？经过研讨,学科组老师找到了几段合适的旋律,在上课的时候一段一段地播放给学生听,让他们用线条来表现听到的音乐。学生被这种新的教学形式所吸引,兴趣被充分调动起来,对线条的理解也更加深刻。

二、多元评价,助学生幸福成长

教师利用多元评价可激发学生的学习兴趣以及求知欲、好奇心、责任感、上进心;学生通过参与评价、主动学习、自我反思,获得成就感,增强自信心。

(一)立规矩,养习惯

1. 语言、肢体评价

恰当地采用评价语言能帮助学生建立良好的课堂常规,逐步养成正确的学习习惯。在低年级教学中我们发现,低年级学生比较好动,坚持性比较差。刚从幼儿园来到小学,他们会有各种不适应,这就需要立规矩。好的习惯养成对他们来说尤为重要。上课时我们会逐步建立课堂常规,用语言表扬一些做得好的学生,例如,"你的坐姿真端正。""老师特别喜欢你认真听讲的样子。""你真是一个有礼貌的小听众。"树立正面的榜样,渐渐把规矩变成了习惯。

除了语言评价外,有时只需一个手势或一个眼神就能够让学生投入艺术学习中,树立他们学习音乐(美术)的自信心,如教师因学生坐姿端正而竖起了大拇指。学生的常规习惯在教师的评价中会自然养成,我们也欣喜地发现了学生的进步。

2. 奖章评价

艺术教师为了鼓励学生养成优良的学习习惯、激发学习兴趣,可采用奖章或积分卡进行评价。在课前准备、上课纪律、唱歌姿势、积极发言、参与艺术活动等方面给予学生奖励,学生在音乐(美术)课上参与活动的积极性就会越来越高,课堂习惯也会越来越好。

在美术课堂上,美术教师还设计了过程性评价表(表1),其中不仅有教师的作业等级评价,还有学生对工具准备、上课态度、作业质量的自评;不仅有教师针对每个学生做出的评价,更让学生参与进来,对自己的学习习惯和作品进行客观的评价。

表1 过程性评价表(以五年级美术为例)

课题	工具准备	课堂表现	作业表现	
			自评	师评
人民艺术家——齐白石	☆☆	☆	☆☆	
20世纪的艺术大师——马蒂斯	☆☆	☆	☆☆	
色彩的纯度	☆☆	☆	☆☆	
让色彩动起来	☆☆	☆	☆☆	

课题	工具准备	课堂表现	作业表现	
			自评	师评
惊喜的描写	☆☆	☆	☆☆	
我的书包	☆☆	☆	☆☆	
奇思妙想	☆☆	☆	☆☆	
多彩的民族传统纹样	☆☆	☆	☆☆	
动漫——动起来的漫画	☆☆	☆	☆☆	
昨天、今天和明天	☆☆	☆	☆☆	
备注：				

（二）课堂反馈性评价

如果说一节课中的生成性即时评价对于学生起激励和指导作用，那学生经过一节课的学习后，教学目标是否达成，则是评价教师教学的重要方面。

在音乐教学中，反馈性评价是对音乐表现要素认知和掌握程度，演唱演奏及编创活动，交流合作、参与态度的综合性评价。在音乐课堂中，学生会唱歌曲后，我们通常会引导学生背唱歌曲，在歌曲背唱过程中歌词、旋律及旋律线不规则地出现以全面检测学生对歌词、旋律、音高的掌握程度，及时发现学生存在的问题。

如果说过程性评价是一种更加注重课前准备和学习过程的评价，那反馈性评价就是对学生学习成果的一种评定。在教学中我们发现，教师的鼓励和表扬，甚至一些指导性的评价都能激发学生的学习积极性，所以在美术学科中，教师也会根据学生的差异开展反馈性评价研究。例如，在低年级的美术课堂反馈中会采用留言的形式，"你这幅作品的色彩搭配太好看了，如果在涂色的时候能再仔细一些会更好哦。""你的作品构图很饱满，如果能在画线的时候让线的两边都到岸就会让作品更好看。""你的涂色有进步，大面积地涂色时也不要忘了我们的涂色小技巧哦。"这些鼓励性和指导性的语言，更像是师生间的交流与沟通。当学生打开自己的作业，看到教师的留言会特别的开心，学习积极性会更高。

（三）其他评价

当然，教师评价的方式还有很多，除了课堂评价外，还有结合双向细目表的单元评价、阶段评价以及期末的艺术评价。通过评价,我们清楚地认识到有效的评价既能充分肯定学生的进步和成绩,又能找出学生学习中的差距和不足,及时改进,促进学生更好地发展。

艺术来源于生活,又将以更愉悦、更艺术化的方式回归生活。在悦动课堂理念的指引下,我们的艺术教学更贴近生活。教师要有计划、有目的、合理地采用评价手段,把握好评价时机,才能使得每一次的"评"富有"价"值。让我们一起在艺术教学中探索、实践、反思,让我们的艺术课堂不断助力学生的幸福成长。

第三章　学科教学课例

语文教学课例《谁的本领大》

青岛燕儿岛路第一小学　贤　君

✐教学内容

《语文》(二年级下册)第二单元《谁的本领大》第 1 课时

✐教材分析

这篇课文是寓言故事,讲的是风和太阳都认为自己本领最大,两次比本领后双方都悟出了道理。教材编排在选文上具有典范性,富有情趣,难易适度,适合学生学习,也有利于激发学生的阅读兴趣。学生在学习中,懂得了我们每个人都有长处和本领,一定要正确地认识自己和看待别人。

✐学情分析

(1)本课的教学对象是二年级学生。班级人数共 43 人,其中,本班中有明显多动倾向、注意力集中困难的学生有 5 人,反应较迟缓的有 2 人。

(2)二年级的学生已经有了一定的朗读能力,初步掌握了结合课文和生活实际理解词语的方法,在识字上有一定的学习经验,能利用旧知学习新知,所以识字教学虽是重点,但不是难点。根据学生已有的生活体验,理解寓言的寓意还有一定难度,需要教师进行指导。

✐教学目标

(1)正确、流利、有感情地朗读课文,分角色朗读课文。

　　（2）借助微课,通过自主预习、小组讨论的方式学会本课九个生字(本、碰、巧、脱、强、些、受、挂、推),会读一个二类字(催),理解由生字组成的词语。

　　（3）抓住关键词句进行想象,在反复朗读中懂得每个人都有自己的长处和本领,要正确认识自己、看待他人。

　　（4）通过制订个别化教育计划、同伴互助、经营自己的"心灵花园"、进行积极的心理建设、运用互动技术和行为干预、借助心理游戏,帮助特殊学生在习惯培养和知识学习方面取得一定进步。

✐教学重点

　　（1）正确、流利、有感情地朗读课文,分角色朗读课文。

　　（2）借助微课,通过自主预习、小组讨论的方式学会本课九个生字(本、碰、巧、脱、强、些、受、挂、推),会读一个二类字(催),理解由生字组成的词语。

✐教学难点

　　（1）抓住关键词句进行想象,在反复朗读中懂得每个人都有自己的长处和本领,要正确认识自己、看待他人。

　　（2）通过制订个别化教育计划、同伴互助、经营自己的"心灵花园"、进行积极的心理建设、运用互动技术和行为干预、借助心理游戏,帮助特殊学生在习惯培养和知识学习方面取得一定进步。

✐教学过程

一、导入

　　今天老师送给大家一个词语(出示"本领"),谁来读?

　　你觉得自己有什么本领?

　　评价:你有……本领!

　　评价:你……的本领大!

　　不光小朋友们有本领,风和太阳也各有各的本领呢! (板贴风、太阳)今天我们就来学习《谁的本领大》。(板贴、正音 shéi、齐读)

　　【设计意图】通过互动技术创设情境,激发学生的学习兴趣,使其在交流中初步认识自己和他人的本领。

二、整体感知

过渡:我们赶快到课文里去看一看吧!

(1)自读课文,注意要求:读准字音,读通句子,遇到难读的地方多读几遍。想一想:风和太阳比了几次本领?每次比的是什么?

(风和太阳比了两次本领:第一次比的是谁能脱下孩子的外衣;第二次比的是谁能让船走得快些。)

【设计意图】关注特殊学生的朗读姿势,落实"上课能够主动保持 15 分钟及以上端正的读写姿势"目标。

(2)检查字词。

看,教室里飞来了好多词语宝宝,让我们也来比一比吧!请你和同桌两个人互相读一读,读对了竖个大拇指表扬他,读得不对请你当小老师帮他纠正,开始吧!

(碰到　正巧　容易　谁知　强烈　难受　高兴　惊讶　裹得紧　热得难受　得意地说　高兴地喊)

大家读得真认真!哪位小老师来提醒一下容易读错的词语?(语言完整)

评价:小老师提示词语的本领可真大!奖励大家一个闪词的小游戏,这些词语会偷偷溜走哦,注意看它们是谁。请你把它们读整齐。

【设计意图】同伴互助,帮助特殊学生学词语。利用闪词游戏,帮助好动学生集中注意力。

(3)学习生字。

回顾微课《自主识字 四步预习法》。

词语会读了,我们再来认识生字。课前我们都看了微课,谁能来说一说生字要从哪几个方面来预习?(板贴:读、记、写、用)

【设计意图】设计微课,运用学生喜欢的互动方式,帮助特殊学生掌握自主预习生字的方法。

(4)接下来我们就借助三色杯,用小组讨论的方式来学习生字。不着急,听清要求:

每组选一个生字进行学习,组长进行分工。

认真倾听伙伴发言。

用三色杯表示学习进程。

评价:×××倾听的本领大!

评价:你们小组合作的本领可真大!

评价:……汇报学习成果的本领可真大!

【设计意图】关注特殊学生在小组讨论中的倾听习惯,相机运用微笑、眼神等互动方式进行行为干预;发挥组长作用,关注特殊学生的行为习惯,不玩学具。

(5)小组展示(2~3字)。

碰:左窄右宽。本课同样结构的字还有"脱、强、挂",归类识记。

巧:左右结构,工字旁横变提,竖折折钩有力。

推:换一换,难变推;左右结构,横多的字注意长短;笔顺。

评价:要想写好字,首先姿势要端正,看准关键笔画再下笔。

评价:……写字的本领可真大!

【设计意图】关注特殊学生的掌握情况,及时指导识字方法,落实"本学期认字量达到随文生字词汇量的四分之一"目标。

三、细读细悟

词语读对了,生字学会了,我们的课文会读得更好!默读课文,边读边思考:在这两次较量中,风和太阳分别是怎么比本领的?它们是怎么说的,怎么做的?请你用"_____"画出有关的自然段。

(一生在白板上板演)

交流订正答案。

【设计意图】关注特殊学生的默读习惯,提前用眼神、抚摸等动作进行行为干预,预防其注意力分散;分层要求,个别学习困难学生可以小声指读。

(一)第一次比本领:1~3段

(1)第一次比本领,风有什么感受?心情如何?(板贴:容易)

你从哪句话读出来的?("那还不容易!")

评价:×××读出了风的心情!

评价:×××读得真有感情!

小结方法:刚才我们抓住关键的词句,想象人物的心情,把课文读得美美的。

【设计意图】请优生范读,特殊学生跟读并评价激励;降低问题难度,预防个别学生产生逃避畏难行为。

(2)太阳对风说:"看我的吧。"说着便发出强烈的光。那孩子觉得热极了,就把外衣脱了下来。

太阳觉得这件事对自己来说难不难？你从哪句话读出来的？（"看我的吧。"）你能读出太阳的心情吗？

评价：×××读得真有感情！

评价：×××读出了太阳的心情！

【设计意图】相机评价激励，帮助学生经营自己的"心灵花园"。

（3）第一次比本领的结果如何？谁来总结？（板贴👍）

（太阳让孩子把外衣脱了下来，太阳的本领大。）

（二）第二次比本领：4～8段

（1）过渡：厉害的太阳在第一次较量中胜出了！（引读——第二天，风和太阳又碰到了一起。太阳得意地对风说："风先生，你还敢同我比本领吗？"）

此时太阳是什么心情？（板贴：得意）

评价：太阳可真够得意的，哪个得意的小太阳再来读读这句话？

评价：×××读出了太阳的得意！

（2）同桌合作分角色读6～7段。

第二次比本领，风和太阳要比谁能让船走得快些，这次它们又是怎么比的？你们能用上刚才学的找关键词句想象心情的方法，读好课文的6～7段吗？

下面同桌合作读一读，一个读太阳的话，一个读船夫的话，旁白一起读。比比谁朗读得好？

不着急，我先来摸摸底，×××，你觉得自己能比过同桌吗？

×××，你觉得自己能读好吗？

引导：要相信自己能做到！跟着我大声说：我相信我自己！我能行！

【设计意图】利用互动技术创设情境，给学生以积极的心理暗示，帮助学生进行心理建设。

2组同桌合作展示。

① 太阳说："这有什么难的！"于是，它又发出强烈的光，想催船夫用力摇船。可是，太阳光越强，船夫越热得难受，他哪儿再有力气摇船呢！

② 这时，风"呼呼"地吹了起来。船夫高兴地喊："起风了！快挂帆吧！"只见风推着帆，帆带着船，像箭一样飞快地前进。

评价：相信自己能行，就能读出太阳的自大，真不错！

评价:×××能根据课文想象出人物的心情,本领真大!

评价:读得稍微快一点,就能读出船前进的速度快的感觉!

评价:×××读出了船夫高兴的感觉,也读出了风高兴的感觉!

【设计意图】相机评价激励,帮助学生经营自己的"心灵花园"。给特殊学生积极的心理暗示,帮助他们进行心理建设,并且在和同伴的展示中树立自信。

(3)第二次比本领的结果如何?谁来总结?

(太阳让孩子把外衣脱了下来,太阳的本领大。)(板贴👍)

面对这样的结果,太阳心情怎样?(板贴:惊讶)

太阳惊讶地说:"风先生,你的本领也不小哇!"

太阳为什么惊讶?(不光太阳有本领,风也有自己的本领)

【设计意图】此时由于学习时间较长,个别特殊学生易出现抠手、咬指甲等自我刺激行为,及时关注。

回想一下,太阳之前是什么心情?(得意)

赢了比赛就扬扬得意,这样对吗?(不对)

第二次比本领风赢了,你觉得风会有什么感受、心情?(板书:谦虚、不夸耀自己)

【设计意图】小结升华,帮助学生建构自己的"心灵花园"、促进心灵成长。

四、拓展延伸

(1)读完这个小故事,你觉得风和太阳谁的本领大?为什么?(它们各有各的本领,每个人都有自己的长处和本领。)

(2)联系生活。

生活中也有同学因为比本领而苦恼呢。

一天,我们班的小明和小东争论起来。小明说:"我的画画得最好,我拿过绘画比赛的大奖呢!"小东说:"那有什么了不起!我的字最漂亮,总能得到老师的夸奖!"小明和小东谁也不服谁。

读了这个故事,你有什么想法?

(小明和小东各有各的本领,一个画画好,一个写字好。我们要正确看待自己和别人的长处,既不能自夸,也不能看轻自己。)

【设计意图】联系生活实际,正确认识自己和他人的本领。

你们想让自己变得更棒吗?(想)

请你们在心愿卡上写一写"我觉得_____有_____本领,我想向他(她)学习"。

总结:我们每个人都有自己的本领。既不能自夸,也不能看轻自己,更要看到别人的长处,虚心向别人学习,才能成为更好的自己!

【设计意图】小结升华,在心理游戏中,帮助学生建构自己的"心灵花园",正确认识自己,也正确认识他人,帮助学生成长。

全体起立,请大家跟我一起大声说:"我相信! 我能行! 我最棒!"

五、作业

读读第7课《蜗牛的奖杯》,看看小蜗牛有什么本领? 它是怎么做的?

六、板书

谁的本领大
读、记、写、用

风　　　　　　太阳

容易　　　　　　得意
谦虚　　　　　　惊讶

课例解析

一、基于差异,关注学情——找准成长的起点

本课的教学对象是二年级学生,本班共有学生 43 人,其中有明显多动倾向、注意力集中困难的学生有 5 人,学习困难、反应较迟缓的有 2 人。这些特殊学生需要教师在课中、课下运用有效的策略予以关注、指导,从而帮助他们在学习和习惯培养上取得进步。

二年级的学生已经具有了一定的朗读能力,初步掌握了结合课文和生活实际理解词语的方法,在识字上有一定的学习经验,能利用旧知学习新知,所以识字教学虽是重点,但不是难点。学生根据已有的生活体验,理解寓言的寓意还有一定难度,需要教师进行指导。

二、基于教材,关注心灵——定位成长的方向

这节课以"本领"贯穿全文,帮助学生认识自我,建构"心灵花园"。开篇以"你觉得自己有什么本领?"导入新课,在激发学生学习兴趣的同时,也促使学生进行自我探索。在学习过程中,不断以"比本领"的形式激励学生认好词、学好字、读好文。在领悟到"风和太阳各有各的本领,每个人都有自己的长处和本领"这一道理之后,又以生活事例引导学生进一步正确认识自己、看待他人。最后请学生在心愿卡上书写"我觉得_____有_____本领,我想向他(她)学习。"引导学生正确认识自我、看待他人。

三、同伴互助,游戏助力——认识成长的伙伴

多种形式同伴互助,增进了特殊学生的课堂参与感,如同伴互助读词语、同伴比本领读课文、同学比赛学本领。

闪词游戏、心愿卡学本领游戏也帮助特殊学生集中了注意力,同时使其进一步体会:我们每个人都有自己的本领,既不能自夸,也不能看轻自己,更要看到别人的长处,虚心向别人学习,才能成为更好的自己。

四、关注差异,因材施教——体味成长的快乐

在本课的教学中,教师力求通过制订个别化教育计划、同伴互助、经营自己的"心灵花园"、进行积极的心理建设、运用互动技术和行为干预、借助心理游戏,帮助特殊学生在习惯培养和知识学习方面取得一定进步。

课上,教师根据个别化教育计划中的"上课能够主动保持15分钟及以上端正的读写姿势"目标,关注特殊学生的读写姿势,及时鼓励、纠正;根据"本学期认字量达到随文生字词汇量的四分之一"目标,关注特殊学生的掌握情况,及时指导识字方法。

总之,课堂上,推进大部分普通学生学习的过程中,教师要及时关注特殊学生的学情,并以适当的方法予以引导、鼓励,帮助特殊学生在知识和习惯方面取得进步。

数学教学课例《时、分的认识》

青岛燕儿岛路第一小学 王 琪

📝教学内容

《数学》（三年级上册）第七单元《庆元旦——时、分、秒的认识》信息窗一第1课时

📝教材分析

《时、分的认识》所涉内容属于数与代数领域的"常见的量"。通过学习，让学生掌握认读钟表的方法，初步体验时、分的意义。时间是一个非常抽象的概念，不像长度、重量单位那样容易用具体的物体表现出来，时间单位之间的进率也比较复杂。但是时间又时时伴随着人们的生活，所以从教学材料的选择到呈现方式，教师都注重结合学生的生活经验，力求让他们在实际情境中，体会时和分的实际意义，掌握有关时分的知识。学生在一年级下学期已经初步认识了钟面，会读整时、刚过几时以及快到几时，对于时间有了比较感性的认识。教材信息窗一的内容以联欢会的形式呈现，通过钟表图显示不是整时的时刻，引入时、分，是为了让学生在已有知识的基础上更好地认知时间，为后续学习信息窗二以及年、月、日的知识打好基础，同时引导学生养成遵守时间和珍惜时间的良好习惯。

📝学情分析

三年级的学生好奇心强，活泼好动，求知欲强，喜欢观察和动手操作，但是注意力集中的时间较短。针对这一特点，教师创设了轻松愉悦的学习情境，运用多种教学方法拓展学生参与课堂的广度和深度，使他们在亲身体验中进行有效的学习，保持他们的学习兴趣，从而提高学习效率，感悟合理安排时间的重要意义。

📝教学目标

（1）在具体情境中，通过直观认识、动手操作和合作交流，进一步认识钟面及时间单位时、分，知道1时 = 60分，并能正确读写钟面上所表示的时刻和在钟面上拨出时刻。

（2）在自主探究、交流合作中，经历和体验时间单位，初步学会用时、分描述

现实生活中的简单现象,结合自己的生活经验体验时间的长短。在数学学习活动中,培养学生观察、描述、抽象概括的能力,以及表达观点有理有据的严谨学习习惯。

（3）感受时间与现实生活的密切联系,体验数学活动探索的乐趣,积累活动经验,养成遵守时间、珍惜时间的良好习惯。

✒教学重点

（1）认识时间单位时、分,知道 1 时 = 60 分。

（2）能正确读写钟面上表示的时刻。

✒教学难点

（1）能正确读写钟面上表示的非整时的时刻。

（2）建立时、分的时间概念。

✒教学过程

一、创设情境,提供素材

提问:同学们,一年的第一天是什么日子啊? 对,我们中国阴历一年的第一天是大年初一,也就是春节。那么阳历呢? 比如说 2020 年的 1 月 1 日,我们称作元旦。你们还记得元旦是怎样过的吗? （学生回忆回答）这里有一场热闹的元旦联欢会。（出示主题情境图）看! 元旦联欢会马上就要开始了,你们知道联欢会是什么时间开始的吗?

预设:8 时 15 分。

追问:这位同学说得对吗? 要判断这位同学说得正确与否,需要进一步认识钟表。

【设计意图】通过学生熟悉的场景、节日来激发学生的学习兴趣,学生对新知识充满探究的欲望。

二、分析素材,探究新知

提问:我们在一年级的时候,也简单认识了钟表。有时为了更精确地知道时间,仅仅认识整时还不够,因此,人们又将时划分为更小的时间单位——分。今天我们就一起学习《时、分的认识》。认识分首先得认识钟面,现在老师把这个钟面投影到大屏幕上,请同学们仔细观察,你们有什么发现? 先自己想一想,再在小组内说一说,并把观察到的记录下来。

学生观察,小组内交流。

学生汇报交流。教师针对学生的交流依次板书关键词(时针、分针、大格、小格)。

1. 认识时针、分针

提问:仔细看看时针和分针有什么不同?

预设:时针较短,分针较长;时针较粗,分针较细。

【设计意图】教师通过演示动态钟面,让学生观察并说出时针、分针的特点,这样有利于学生认识时、分的关系。教师把演示、交流有机地融入教学,让学生进行归纳概括,收到良好的效果。

2. 认识大格、小格

提问:同学们数一数大格有几个? 每个大格中间又有几个小格呢?

追问:整个钟面上一共有多少个小格? 谁来猜猜看。(学生可能猜测 60、100)究竟谁数得对? 有什么好办法能比较快地数出来呢? 咱们一起来数数看。

【设计意图】本环节,教师注重培养学生的猜想、验证以及应用意识,使学生认识小格是理解分针计时的关键,因此教师应引导学生先大胆猜测后实际验证,并能利用所学的知识化繁为简——用 5 的口诀来数。学生用已有的知识(5 的口诀)来解决问题,也是对已有知识的巩固和应用。

3. 认识时针、分针的运动

提问:认识了钟面,那你们知道时针、分针是怎样计时的吗?

播放《时针爷爷与分针宝宝的故事》小微课。

提问:当分针从 12 走到数字 1,是几分钟? 为什么?

预设:5 分钟,因为它走了 5 小格。

追问:分针走到数字 2 呢? 3 呢? 为什么?

小结:时针爷爷和分针宝宝就是这样分工合作,共同把时间指示得准确无误的,得到人们的赞赏。

【设计意图】本环节,教师借助时针爷爷和分针宝宝的微课动态演示,将抽象的时、分直观化、拟人化、具体化。动画的使用,符合学生的认知特点,让学生对于时针和分针运动的认识经历了模糊—直观—抽象的过程。

4. 操作演示, 感知 1 时 = 60 分

提问: 当分针宝宝快快乐乐地走一圈时, 时针爷爷有什么变化呢? 拿出你们的钟面模具动手拨一拨, 说说发现吧!

预设 1: 时针走得慢, 分针走得快。

预设 2: 分针走 60 个小格, 时针走 1 大格。

提问: 那它们刚才经过的时间一样长吗? 我们再来看看课件的演示。(分针和时针同时从 12 出发, 同时停下。)

追问: 对这种关系你们能用一个关系式把它表示出来吗?

结合学生回答板书: 1 时 = 60 分。

评价小结: 真不愧是小数学家, 这么难的问题, 同学们根据自己的观察、讨论、动手操作轻而易举就解决了。现在请你们用自己喜欢的方式把这个结论记住。

【设计意图】本环节, 教师借助学生动手操作与课件直观演示相结合, 让学生在兴趣中掌握时针与分针的不同走法与计时及得出 1 时 = 60 分的结论, 解决了本课的重难点, 符合学生的年龄特征和心理特点。

5. 认读时刻

提问: 刚才我们已经对钟面有了新的认识, 现在你们能判断"联欢会是 8 时 15 分开始的"这句话对不对吗? 说说你们的判断依据。

预设: 时针走过了 8, 分针走了 15 个小格, 就是 8 时 15 分。

追问: 再来看看这个时刻。谁能说说 8 时 15 分, 时针和分针分别指向哪里?

小结: 我们在认识时刻的时候, 要先看时针, 时针刚过几就是几时多; 多多少呢, 要看分针, 分针走了几个小格就是几分, 合起来就是几时几分。

提问: 8 时 15 分除了这种文字表示法外, 我们还可以这样来表示 8:15, 用两个小圆点把时和分隔开, 这个时刻也读作 8 时 15 分。你们在哪里还见过这种表示时刻的方法?

总结: 看来这种记录时刻的方法, 生活中经常可以见到。

【设计意图】对于时刻的认读, 教师充分放手, 给学生足够的操作时间, 让学生在拨中思、在拨中悟。交流时, 教师给学生足够的交流空间, 让学生通过交流, 最终掌握时刻认读的方法。

三、借助素材，拓展延伸

1. 体验 1 分钟有多长

提问：现在我们再来观察联欢会和第一个节目开始的时间（课件呈现两个钟面），你知道第一个节目是什么时间开始的吗？与联欢会开始的时间相差几分钟？

预设：8:16 开始的，相差 1 分钟。

追问：1 分钟有多长？在 1 分钟内，你们觉得我们能做哪些事情？

师生共同感受 1 分钟。

提问：汇报一下，1 分钟过去了，你们有什么感受？你们在 1 分钟的时间里做了哪些事情？

预设：做了 12 道口算、写了 10 个汉字、读了几首诗、脉搏跳动 75 下……

提问：1 分钟内我们做了这么多有意义的事情。在生活中，1 分钟还可以做哪些事情呢？

课件出示搜集的材料，让学生体验 1 分钟里可能发生哪些事情。

小结：1 分钟看似很短，但是我们可以做很多事情。时间对于我们来说非常宝贵，我们要珍惜时间，珍惜当下的每 1 分钟。或许在这 1 分钟里，你能改变很多事情的进展，这 1 分钟会使你更加快乐。

【设计意图】本环节，教师设计了一些与学生联系紧密、学生感兴趣的数学活动，引导学生体验 1 分钟的长短，让学生更加深入地体会到了时间的宝贵，从而帮助学生养成遵守时间、珍惜时间的好习惯。

2. 认识几时半

提问：第四个节目是什么时间开始的？

预设：8 时 30 分开始的；8 点半开始的。

追问：他们说的都对吗？引导学生明确 8 时 30 分和 8 时半指的是同一时刻。

小结："几时 30 分"也可以说成"几时半"。举例说明。

3. 介绍钟表的历史

提问：同学们，现在钟表已走入千家万户，我们都需要用它来指示时间。你们知道钟表的来历吗？下面我们来观看一段数学文化小微课吧！从中你们一定会学到不少的知识。

播放《数学文化——钟表的来历》小微课。

小结:同学们,原来世界上最早的钟表就发源于咱们中国。观看了这段小微课,你们有哪些收获?有什么感受?(学生广泛交流)

【设计意图】本环节,通过播放《数学文化——钟表的来历》小微课,既让学生认识了钟表的起源与发展,也渗透了爱国主义教育,还培养了学生珍惜时间的意识。

四、课堂练习,巩固提升

(1)自主练习第1题:我拨你说。(图1)

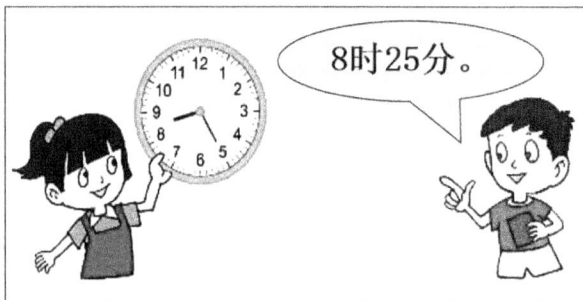

图1　我拨你说

学生同桌两人合作,一人拨,一人说时刻。

(2)自主练习第4题:明明的一天——根据钟表写出对应的时间。(图2)

图2　明明的一天

【设计意图】本环节,通过巩固练习,调动学生多种感官功能,使学生在愉快轻松的气氛中掌握知识,把知识转化为能力,力求使学生举一反三、融会贯通。

五、总结提升,畅谈收获

提问:同学们,这节课我们一起认识了时、分,通过本节课的学习,你们有哪些收获?还有什么不明白的地方吗?我们一起来谈谈。

学生进行自评和互评。

总结:这节课我们借助实物钟表,理解了时针与分针的工作原理,知道了 1 时 = 60 分,并在 1 分钟的感受中体会到珍惜时间的重要性。同学们在这节课的学习中积极思考,表达观点有理有据,真是棒极了! 一寸光阴一寸金,希望同学们能够把握当下,认真对待每一天的学习与生活,做时间的小主人。

【设计意图】通过让学生交流自己的收获,引导学生梳理本节课的学习内容和探索过程。同时,教师运用鼓励性的语言激励学生做数学学习的有心人,培养学生的时间观念,做时间的主人。

六、布置作业

1. 基础作业

(1)课本 73 页第 2 题。

(2)把今天学习的知识说给家人听一听。

2. 拓展作业

(1)结合生活实际做一个小调查:你喜欢的电视节目都在什么时刻播出?跟同学交流一下。

(2)课外小实践:你知道自己每分钟能走多少步吗?试着测量一下吧!

七、板书设计

时、分的认识

时针	短粗	1 时 = 60 分
分针	长细	先看时针,再看分针
大格	12 个	8 时 15 分可记作 8:15
小格	60 个 = 5 × 12	8 时 30 分　8 时半

✏️**课例解析**

在学习一年级下册时,学生已对时钟有了初步的了解,《时分的认识》是在此基础上进行教学的。这部分内容是小学数学教学中十分重要的内容,也是实用性很强的数学知识,比较抽象。在设计教学时,应注意做好以下几点。

一、从已有知识经验出发,创设情境,激发学习兴趣

学生在一年级时已经学习了整时和几时半,在此基础上,本节课教学时教师对知识进行了迁移,创设了学生比较熟悉的"庆元旦"活动场景导入新课,激发学生的表达兴趣。随后,教师又出示了几个演出时间不是整时或几时半的节目,学生很想知道具体的演出时间,从而激发了求知欲,很自然地就进入了新授知识环节。

二、创设探索与交流的空间,培养合作探究能力

教学要为学生留有足够的探索和交流空间,以改变学生的学习方式。在教学中,学生通过"看一看""拨一拨""写一写"等操作活动,观察、认识钟面,突破了"认识时、分的关系"及"准确读写时间"的难点。学生在操作中交流,在交流中感悟,在感悟中建立了时间模型。

在活动中,教师起到了引导和组织作用,能体现学生活动的主体性,师生互动、生生互动。教师为学生创设合作的机会,如同桌合作"一人拨钟,一人读写时间",同桌互说。这些有趣的合作让每一个学生都有学习的机会。学生经历了观察、操作等实践活动,在合作与交流的过程中,获得良好的情感体验。

三、注重德育渗透,加强思想教育

这节课,教师挖掘教材本身蕴藏着的德育素材,揭示其内在的思想性,有的放矢地教育学生珍惜时间。这节课无时无处不涉及珍惜时间的教育。在教学中,教师向学生发出邀请,让他们体会"1分钟有多长"和"1分钟内你能做哪些有意义的事情",等等。1分钟过去了,学生争先恐后地汇报,有的学生说1分钟写了8个汉字,有的学生说1分钟做20道数学口算题。教师积极评价并表扬了他们,学生深切体会到了1分钟虽然很短但能做很多有意义的事情,所以一定要珍惜时间。在这个环节,教师还设置了"你知道地球上每分钟能发生多少神奇的变化

吗？"这个发散性问题,引领学生观看资料,使其认识到平凡的 1 分钟会因为我们的珍惜而显得更加宝贵。

四、浸润数学文化,滋养学生心灵

"数学史实际上是与人类的各种发明与发现、人类经济结构的演变以及人类的信仰相互交织在一起的。"确实,数学发展史也是人类文明进步的历史,完全有理由也有必要让学生更多地了解数学发展史,通过恰当地插入一些数学历史故事、数学家的名言传记,使学生获得更加丰富的情感体验。

这节课在学生进一步认识了时钟、时、分之后,引出"你知道钟表的来历吗?想不想知道古人是怎样记录时间的呢?"等让学生满怀兴致的问题,激发学生的求知欲。通过播放微课资料,既让学生认识了钟表的起源与发展,也渗透了爱国主义教育,引导学生为我们中华民族的伟大发明而骄傲,同时也培养了学生珍惜时间、努力学习的好习惯。这正是学生幸福成长的外在体现。

五、设置有趣的练习,巩固所学知识

练习是巩固所学知识的必要途径。三年级的学生乐于接受挑战。在安排课堂练习时,除了要注意练习的实效性、层次性外,更要注意安排一些有趣的练习,激发学生练习的兴趣,从而达到爱练、乐练、练会的目的。

上课过程中,学生能够积极地参与每一环节,进行动手操作,仔细观察,讨论交流,积极参与了新知识的发生、发展和形成过程,敢于自主探究,敢于大胆提问。在"我说,你拨;你说,我拨"练习部分,学生尽情表现,思维活跃,达到了预期的学习效果。

学生的幸福成长离不开教师的精心培育。在平日的数学教学中,教师要以学生为主体,充分发挥教师的教育智慧,最大限度调动学生的积极性,让每个学生在数学学习中都有不同层次的发展。

英语教学课例《We went to the Great Wall.》

青岛燕儿岛路第一小学　郭　鹏

✐教学内容

让学生用一般过去时时态描述自己的一次旅游经历。通过让学生找出课文中的"went""saw""ate""had""bought",使学生在学习和理解课文的同时学会不规则动词的一般过去式。

✐教材分析

语言功能:描述一次旅游。学习任务:不规则动词的一般过去式。运用任务:运用"找朋友"任务帮助学生区分和记忆不规则动词的一般过去式;向同学展示自己旅游时的照片并用一般过去时来陈述;在全班开展制作旅游路线海报的活动,并向全班同学展示。

✐学情分析

四年级学生已习得了过去式,并有一定的外出旅行经历,基于此,学生乐于用过去式谈论自己的一次外出旅行经历。但是需要结合话题,在新课学习中系统地了解表达的角度,丰富表达内容。

✐教学目标

(1)通过学习课文了解动词过去式的不规则变化,如 go–went, eat–ate, buy–bought, see–saw, have–had;了解如何用过去式谈论过去发生的事情,如描述自己的旅行经历。

(2)能够理解、听、说、认读单词,如 trip, fifty, top, minute, candies,并能在句子中正确应用。

(3)能听懂课文大意,理解语篇内容,能朗读课文,理解与课文难度水平相当的短文。

(4)在真实的语言情境中,谈论过去的一次旅行,乐于和他人分享自己的旅行经历,听、说、读、写、演等综合运用语言的能力得到提高。

（5）通过学习了解长城，并通过欣赏视频增强民族自豪感，更加热爱我们祖国的大好河山；培养热爱生活的美好情感。

教学重点

（1）能够听、说、认读和正确书写以下单词：

go（went）、see（saw）、eat（ate）、have（had）、the Great Wall。

（2）能够认读、听辨、应用以下单词：

climb，mountain，buy（bought）。

（3）能听辨和在课文情境中理解单词 trip。

（4）能在图片或动画的帮助下理解课文的意思，并能跟录音指读课文、熟练朗读课文，学得较好的同学能够背诵课文。

（5）能结合情境理解并能在课文中找出不规则变化的动词过去式。

教学难点

（1）根据课文完成相应的练习：口头交流自己的旅游经历。

（2）增强爱国感情，更加热爱我们祖国的大好河山。

教学过程

Ⅰ. Warm-up

Students enjoy an English song and get to know two new irregular past. verbs：went/saw.

Ⅱ. Lead-in

Students are presented a photo of them which is about their last school trip. And then they have a free talk with teacher about "Where were you?" "Where did you go?" "What did you see?" By doing this, Students can put went and saw into practice. It also prepares them for their later writings.（设置问题情境，在教学这一话题前激发学生兴趣，先与学生进行友好的问候，出示学生之前春游、秋游的照片，问一问学生："你去了哪？做了什么？看到了什么？"）

Students share their family trips concerning "Where did you go?"，"What did they see?" and write two or three places on the blackboard.（让学生展示和家人出游的照片，教室即刻成了分享交流的地方，学生兴致盎然。在这种真实的生活情境中，学生的参与热情高涨，展示欲望强烈，口语交际能力得到了有效的培养，真是

一举多得）

Ⅲ. Presentation

（1）Students are ready to enjoy a special trip of Daming and Simon. They think over the question "Where did they go for their school trip?" by reading the title. They know that they went to the Great Wall.

（2）Students and the teacher have a free talk about the Great Wall. "Did you go the Great Wall?" "How did you go there?" "What did you see there?" "Did you like your trip?" and so on. （在这里采用交际法教学,让学生参与,询问他们是否去过长城,怎么去的,看到了什么,使学生更贴近生活,成了学习的主角,自然而然地就会对英语感兴趣,把学英语当作一种乐趣。学生在情境中不自觉地投入学习,在教与学的互动和情境氛围中掌握了新的语言知识点,达到了理想的学习效果）

（3）Students enjoy a breathtaking video about the Great Wall. After watching, they share feelings about it. They may use words like long, old, famous to describe the Great Wall. （这里给学生展示一段有关长城的视频,创造性地使用、处理、整合教学内容,灵活运用教学资源增加学生对长城的直观感受。学生对这段视频内容非常感兴趣,也调动起了表达欲望）

（4）The Great Wall is very long. It's not easy to climb to the top. Students watch the flash for the first time and make a multiple choice about "How long did it take to climb to the top?" They also get to know take/took. Teacher reminds students to read more words with –ook, like book, look, cook and so on.

（5）Students watch the text again then answer the question "What did they do there?" from three aspects–What did they see there? What did they eat there? What did they buy there?

They saw lots of mountains. And they saw some beautiful plants. （讲解、在"free talk"环节学生分享旅行经历并操练 see–saw）

They ate candies. （讲解、在"free talk"环节学生分享旅行经历并操练 eat–ate）

They bought a present for Daming's father.It's a pictures of the Great Wall. Teacher asks "What did you buy at your trips? " I bought a postcard/a T–shirt/a hat... （讲解、在"free talk"环节学生分享旅行经历并操练 buy–bought）

（6）Students and teacher make a summary of Daming and Simon's trip with a mind map. Was it a good trip? Yes, it was. They had a good time. （讲解 have–had）

（7）Listen, read and find "went, took, saw, ate, had, bought". Students take notes on their textbooks about irregular past verbs.

Ⅳ. Practice

Students finish the three exercises to enhance the usage of the irregular past verbs from their Activity Book: choose the irregular verbs to complete sentences/ listen and number pictures/use irregular verbs to complete sentences. They get to know Daming and Simon's school trip and then move to a girl's school trip so that students can describe their school trips or trips easily later.

Ⅴ. Extension

（1）Students enjoy a video: A School trip to China! Students know more about school trips domestically and overseas. Students know when they go to some new places they will go to the typical scenic spots. (各层次学生在教师的引导下积极思考、自主发现、建构知识,在发展核心素养的同时个性化需求也得到满足,形成学科认知结构和良好的学习品质)

（2）Students and teacher fulfill the blanks to retell A School trip to China together so that students know more about how to write school trip.

（3）Students must have interesting school trips or trips, too. Teacher asks "Can you share something about your trip?" Students discuss the topic in groups with their trip photos. They write their wonderful trip experiences on the task paper. Then they attach their photos on the blackboard and share their experience in front of the class.(通过小组活动,让学生在组内说一说自己的经历,使每个学生都能得到实践的机会;通过创设宽松愉快的氛围,提高课堂参与度,使学生获得学习英语、用英语交流的喜悦。学生积极参与学习活动,生生之间平等、互助、合作、分享,取长补短,共同进步)

（4）Students enjoy a video: Enjoy China in different ways! Students admire the beautiful scenery of our motherland and build up the pride of our nation. Teacher reminds students to enjoy the journey and enjoy the life.

Ⅵ. Cooler

（1）Summary and evaluation: Let's look at the blackboard. What did you learn today?

We learned Daming and Sam's school trip.

We learned some irregular past verbs.

We learned how to use past tense to describe our school trips or our trips.

（利用多元评价激发学生的学习兴趣以及求知欲、好奇心、责任感、上进心，并及时反馈；学生通过参与评价，主动学习，自我反思，以获得成就感、增强自信心）

（2）Homework.

a. Listen and repeat the text 5 times.

b. Share one of your school trips with your friends.

c. Try to talk about one of your trips.

（分层设计作业，充分调动学生的主观能动性，让他们根据自己的实际情况选择合适的目标层级。当学生完成相应目标的学习任务时，鼓励学生向更高一级的目标挑战。如此一来，每个学生都能积极参与活动，互帮互助，共同进步，学习英语的自信心也逐渐增强，幸福感便油然而生）

Blackboard design

We went to the Great Wall.

go　　went

We saw lots of mountains.　　　　　　see　　saw

We ate candies.　　　　　　　　　　　eat　　ate

We had a good time.　　　　　　　　　buy　　bought

have　　had

Notes：stands for students' photos they attached on the blackboard.

✎课例解析

小学英语知识比较简单,而且以交际英语为主,学生在刚开始学英语时都会有很强的新鲜感,感觉身边的事物又重新有了一个名字。但是在应试教育背景下,学生学英语的功利性比较强,繁重的读、写、背作业让学生渐渐失去了对英语的兴趣。因此,在设计本节课时,笔者从学生的角度出发,研究学生的学习心理,采用自主学习的方式来提高学生学习的幸福感,让学生体会到英语学习的快乐。同时,集体教学要考虑学生的个性,分层设置作业体系,采用多元评价方式,开展丰富的课堂教学活动。

一、课堂教学内容分层

课堂教学内容分层是分层教学的重要环节。在不同水平的学生确定了自己的学习目标并进行自主学习之后,笔者针对不同层次学生的不同情况,有针对性地分层指导。采取的方法是:操练分层,体现学生的个体差异性。设计不同档次的操练,学生根据自己对知识掌握的熟练程度选择练习。例如,在出示本课四会词时,要求全体学生掌握;而出示三会词时,对于基础较弱的学生,要求则有所降低,在小组合作时,通过优生带动,达到认读的程度。

二、活动分层

小组活动是体现学生主体性,激励学生积极参与教学活动,培养学生自主学习能力的一种有效手段。通过小组活动,可以让学生主动参与教学,使每个学生都能得到实践的机会,杜绝课堂教学中出现"被遗忘的角落"。由于所教内容不同,小组活动的形式也是多种多样的,如小组对话表演、小组猜谜、小组谈论物品、小组测试互评,给学生提供自主活动的空间,让他们在小组活动中量力而行。例如,朗读课文环节,学生进行小组内学习与分工;课堂展示环节,先让学生在小组内谈一谈。交流的过程也是学习的过程,通过小组活动,学生整体水平得到提升。

三、任务分层

教师设计的任务必须让学生通过自己的努力能完成,这样,学生才能感受到成功的快乐,从而产生更持久的学习热情。因此,可以给所有学生同样的材料,但有不同的设计要求,给予不同程度的帮助;也可以给不同学生不同程度的材料,执行共同的任务。同样的教学内容对不同层次的学生要求达到的目标有所不同,不能强行规定学生应该达到哪个教学目标,只是规定每个学生都必须达到的最低基本目标。然后,充分调动学生的主观能动性,让他们根据自己的实际情况选择合适的目标层级。当学生完成相应目标的学习任务时,鼓励学生向更高一级的目标挑战。如此一来,每个学生在活动中都能够积极参与,互帮互助,共同进步,学生学习英语的自信心也逐渐增强,幸福感便油然而生。

四、作业分层

作业分层是分层教学的另一重要环节。由于课堂教学目标不同,为巩固所学内容所设计的作业也应有所不同,例如,为后进学生设计的补缺题、要求全班都能够完成的练习巩固题、为优秀学生设计的深化题。各个层次的学生在完成了自己的作业后可试做高一层次的题目。本节课的作业有三项,第一项是必做:"Listen and repeat the text 5 times." 后两项"Share one of your school trips with your friends." 和 "Try to talk about one of your trips." 则为分层作业。每个学生根据个人情况选择适合自己的作业来完成。

五、评价分层

新课程标准强调:评价的功能从注重甄别与选拔转向激励、反馈与调整;评价的角度从终结性转向过程性、发展性,更加关注学生的个别差异,并允许学生参与评价,同时采取动态评价体系,使学生在学习上既对自己有信心又能看到不足,既有压力又有动力。以前的教学评价不关注学生的差异,教师所讲的内容、课本上的练习要求所有学生都会,好像学生都是在同一起跑线上迈着相同的步伐前进,但事实上这是根本不可能的。分层评价是一种建立在尊重和激励基础上的评价方式,使各层次的学生能够消除自卑感,通过自己的努力赢得别人的赞同,并逐步建立向更高层次迈进的信心。比如本节课中有句话 "It took us fifty minutes to climb to the top." 这一句话对中等生和学困生来说初学时能流利朗读是有很大困难的,当他们在教师的鼓励下基本能够读完时,就要毫不吝啬地夸赞他们;而对于优等生来说,要以更高的目标来要求他们,如"你肯定能得读得更流利、语音语调更地道！"

本节课不是简单地向学生传授知识，而是鼓励学生，引导学生，让学生自己用英语提问题并用英语完整地回答。在学生遇到不会的新单词时，不是直接告诉学生这个单词怎么读、什么意思，而是利用学生已有的知识基础，不停地引导、启发，让学生领悟新单词的读音和意思，体会学习成功的喜悦。教师也通过营造宽松的学习氛围，提升学生的学习幸福感。美国著名心理学家詹姆士有句名言："人性最深刻的原则就是希望别人对自己加以赏识。"赏识学生、增强学生的自尊心与自信心，为学生营造宽松的学习氛围，是帮助学生提升英语学习幸福感的前提与有效手段。

随着学生年龄的增长、年级的增高，英语学习的两极分化现象也不断明显。教师要想使每个层次的学生都能体会到学习的幸福感，实施分层教学是必不可少的。"兴趣是最好的老师。"英语教学中，笔者还尽可能多地设计丰富多彩的活动，充分调动学生学习英语的积极性，鼓励他们积极参与到英语学习中。在日常教学活动中会根据不同的主题选择不同的教学策略，教低年级学生时会选择直观道具与动画相结合的教学方式。例如，在教学过去式时，笔者带着学生自编了一段 rap 加强对这类词的记忆，学生们打着节奏，在愉快的氛围中习得了知识。又如，学生初读文本后，笔者提出了四个问题："What did they do? What did they eat? What did they see? What did they buy?"第一个问题学生通过阅读文本可以很快知道答案；第二、三、四个问题，由于学生感到很有趣，所以回答的积极性较高，答案也丰富多彩。从后两个问题的回答中可以看出学生已经了解了文本的有趣之处，也认识了祖国的大好河山，民族自豪感油然而生。学生在此过程中享受到了英语学习的快乐。

总之，对于英语教学而言，教师可通过分层教学营造宽松的学习氛围，帮助学生提升学习的幸福感，使学生在轻松愉悦的氛围中学习英语。

艺术教学课例《手形的联想》

青岛燕儿岛路第一小学　栾明璇

教学内容

《美术》(一年级下册)第九课《手形的联想》

教材分析

本课内容贴近学生的生活,富有情趣。以学生喜爱的手影游戏为载体,展示手指、手形的变化与组合,引导学生结合熟悉的事物展开联想,培养学生丰富的想象力和浓厚的学习兴趣。

学情分析

一年级的小朋友已经具备一定的生活感知能力,能认识一些简单的物和形。在本课中,通过不断变化的手形引导学生进行丰富的联想并能用简短的语言大胆表述自己的感受,让学生在研究中学习,在研究中发现问题,创造性地解决问题,培养创新意识、创新思维、创新能力。

教学目标

(1)知识与技能:了解手形的变化与组合,进而结合熟悉的事物进行联想,探究装饰与组合的美感。从不同角度对手形进行联想,用点、线、面结合的方法进行装饰与组合。

(2)过程与方法:通过作品欣赏、课堂游戏、体验探究、师生演示等多样的教学方法,引导学生认识手的结构特点,探究手形的表现方法,利用手形的变化,大胆地进行想象。培养学生的观察能力、形象思维能力和想象能力。

(3)情感态度价值观:培养学生观察生活、表现生活、装饰美化生活的能力,培养热爱生活的情感。

教学重点

观察感知不同姿势、角度的手形,引导学生借助手形对熟悉的事物进行联想。

✏️教学难点

启发学生寻找手形与实物之间的联系,探究手形的装饰与组合。

✏️教学过程

一、游戏导入,激发兴趣(看一看)

(1)玩游戏:石头剪子布。
(2)板贴"手形的联想"。

二、观察联想,主动探究(做一做、想一想)

活动:一只手的联想。
师:布这个手形,你能联想到什么? (教师根据学生的想象添画)
师:现在小手转一转(调转方向),看看又像什么? (学生上黑板添画)
师:继续调转方向展开想象。(教师添画)

三、拓展思维,探究手形绘画方法

(一)欣赏手形课件

师:你会画手的外形吗?怎么画?要注意什么? (学生有条理地表述)
师:左手不动,笔要立起来,贴紧小手,笔尖不要碰到小手以免把手弄脏。(板书:勾画)

(二)展开想象

教师根据对手形的联想,画出一个茶壶。

四、学生练习

指导学生摆出更多的手形,展开进一步想象。
师:和同桌说一说,像什么?

五、学生作业(画一画)

学生绘画,教师巡回指导。
师:这些方法你们学会了吗?你们想把小手印在什么位置?印几个手形?

开始印手形吧!

六、展示、评价作业(评一评)

分小组板贴学生的作品。(创意组、色彩组、线条组)

七、课堂延伸

欣赏关于手的 ppt 课件。

师:大家的作品太精彩了,我都听到大家的笑声了。老师还准备了一份礼物送给你们,看——

师:这是立体彩绘手形画,多有创意的作品啊。

师:我们的小手还能干什么?

师:生活中美丽无处不在,我们要用眼睛去发现美,用头脑去思考美,用双手去创造美!

📝课例解析

美术是一门视觉艺术,一切直观的东西都会让学生产生了解其中的美的愿望。美术又是充满生活气息的,它的创作过程总是充满惊喜,让人收获幸福,体验成功。美术教学应重视与学生的生活经验相结合,加强美术课与社会生活的联系。近两年,学校艺术学科一直围绕生活化策略以及有效评价不断进行课堂实践与探究,助力学生幸福成长。在《手形的联想》一课中,笔者在教学方法和教学策略方面也进行了探索,并于课堂教学中实施。

一、生活小游戏,激发探究的兴趣

"兴趣是最好的老师。"当我们对某一事物产生浓厚的兴趣时,势必会引发深入探究的热情和欲望。这种热情和欲望,对我们的学习无疑是至关重要的。唯有感兴趣、想学、愿学,方能在学习过程中克服种种困难,体验到学习的乐趣,取得学习的成功。

每节课的导入新课非常重要。导课是激发学生兴趣的重要一环。如何将学生的生活体验融入课堂中?如何激起他们对美好生活的回忆?在这一环节,笔者利用游戏导入,设计了玩"剪刀石头布"的小游戏,激发学生兴趣。上课伊始,笔者依次出示剪刀、石头、布的手形,激起学生的生活回忆,引导学生说出游戏名称;再说明游戏规则并观察学生,指导学生参与游戏活动,运用手形的变化特点进行小比赛。课堂气氛立刻活跃起来,他们的小手灵活地变化着,学生的兴趣被激发,学习的热情充分释放出来。

二、调动多种感官,扩大想象的空间

学习新知识有时会让人感到乏味无趣,如何让学生保持旺盛的学习热情,主动探索新知?对此笔者也进行了一些探索。在本课"观察联想,主动探究"环节里,根据一年级学生注意力保持时间比较短的特点,注意调动学生手、眼、脑多种感官进行课堂教学,引发学生的好奇心,制造出了本节课的第二个小高潮。

课堂设计如下。让学生看一看,想一想,"布这个手形,你还能联想到什么呢?"再根据学生的想象添画。这样的设计既调动了学生的想象能力,又激发了他们的好奇心,学生学习的热情被教师的"神笔"带动了起来。当学生惊叹于教师的即兴添画时,他们的学习兴趣也进一步提高了。在这个环节里,教师充分利用了学生向师性强的心理特点,用画笔拉近了师生之间的距离,让学生感受到了创作的趣味性。

为了进一步激发学生探究的热情,笔者还设计了一个小游戏:每个小组请一位学生到黑板上添画,其他学生在练习纸上完成。比一比,看谁联想得最有趣。从差异教学的角度分析,这个教学设计既能面向优秀的学生,给他们展示美术特长的机会,又能面向全体学生。教师可以在学生练习时关注不同层次学生的学习、听讲情况,有针对性地指导他们学习从不同角度对手形进行联想。在这个过程中,观察联想法始终贯穿始终,学生的多种感官被充分调动起来,学习热情也被充分调动起来,思维活跃,想象力丰富,课堂气氛热烈,完成了"从不同角度对手形进行联想,用点、线、面结合的方法进行装饰与组合"这一目标。

三、小组共探究,大胆进行想象

引导学生了解手形的变化与组合,结合熟悉的事物进行联想,探究装饰与组合的美,是本课的教学目标。教师面向全体学生,以小组为单位引导学生练习摆更多手形,并进一步展开想象。在交流过程中,鼓励每一个学生动手、动脑、动嘴探究,并对交流热烈的学生和小组及时进行点评。探究法的运用完成了"探究手形的表现方法,利用手形的变化,大胆地进行想象"的教学目标。

总之,本课的教学设计以学生为主体,通过玩游戏、教师范画、学生练习、小组讨论等多种教学方法展开教学,关注学生的差异,将生活化策略与课程内容有效结合,指导学生人人参与、全程参与、多方位参与。在课堂教学中,学生不断产生新想法,学习兴趣浓厚,将美术学习变成了一种探究学习、主动学习的过程,让美术课堂充满了惊喜和幸福,让学生感觉到生活中处处有艺术,艺术就在我们的身边。

体育教学课例《持轻物掷远》

青岛燕儿岛路第一小学　贾振君

✎教学内容

《体育》(四年级上册)第三单元《持轻物掷远》第2课时

✎教材分析

投掷是小学四年级体育教学的重要内容,也是学生喜欢的运动项目,主要目的是发展学生上肢力量和协调性等身体素质,促进学生上肢肌肉、关节、韧带的发展,仍以轻物投掷为主。

本单元共6课时。第1课时:正面持轻物(小球、软式标枪)掷远,进一步掌握正面持轻物掷远的两脚开立、肩上屈肘、肘部向前动作。第2课时:正面持轻物(小球、软式标枪)掷远,进一步掌握正面持轻物掷远的肩上屈肘、快速前上挥臂动作。第3课时:原地侧向持轻物(软式标枪)掷远,进一步掌握原地侧向持轻物掷远的肩上屈肘、快速前上挥臂动作。第4课时:原地侧向持沙包掷远,进一步掌握原地侧向持沙包掷远蹬地转体快速挥臂动作。第5课时:原地侧向持沙包掷远,进一步掌握侧向持沙包掷远蹬地转体快速挥臂抖腕动作。第6课时:原地侧向沙包掷远。

本节课为第2课时,教学内容是正面持轻物掷远,主要是让学生掌握肩上屈肘、快速前上挥臂的投掷动作,为接下来更高难度的投掷动作教学打下基础。

🖉学情分析

四年级的小学生活泼、好玩、好动,身体正处于生长发育期,身体素质和运动能力有了一定的发展。在教学中要注意保护和激发学生的投掷兴趣,所以本节课利用小球和软式标枪等投掷器材,设置不同层次的掷远挑战,来激发学生的兴趣,使其感受投掷运动的成功和乐趣,让学生在玩中学、乐中学、趣中练,最终达到本节课的教学目标。

🖉教学目标

（1）知道并说出正面持轻物掷远的动作名称。

（2）进一步掌握正面持轻物掷远肩上屈肘、快速挥臂的动作方法,发展投掷能力。

（3）提高学生的灵敏性、协调性和力量等身体素质。

（4）培养学生自我挑战的信心,与同伴相互合作、鼓励和帮助,并激发学生的爱国情怀和航天梦想。

🖉教学重点

肩上屈肘、向前上方投掷的动作方法。

🖉教学难点

投掷时的快速挥臂动作。

🖉教学过程

一、开始部分

教师检查出勤人数,师生问好,并公布本节课的教学内容与任务。教师出示教学卡片,师生一起读出教学卡片上的内容,明确提出学生在学习过程中要做到的行为要求。

二、准备部分

师生先一起做"木头人"游戏,培养学生的安全与规则意识。再一起随音乐做韵律操,充分热身。最后教师引导学生做钉钉子的动作,自然引出正面持轻物掷远动作,为技能学练部分做好准备。

三、技能学练部分

1. 正面持小球掷远

（1）教师讲解示范正面持轻物掷远的动作方法，并引导学生做正面持轻物掷远模仿练习。

（2）学生两人一组相互帮助进行正面持小球掷远练习。教师巡视指导，强调肩上屈肘、肘部向前、前上方投出的动作要领。同伴间用语言和手势相互鼓励，相互帮助。学生展示，师生进行评价。

（3）挑战奖牌线：每人有三次持小球掷远的挑战机会，最后看能挑战成功哪条奖牌线。同伴相互观察，相互帮助。教师引导学生用正确的投掷动作进行练习，并不断鼓励其挑战自我，获得成功体验，培养自信。

（4）挑战自我，实现航空梦。教师创设火箭发射情境，学生根据挑战奖牌线的情况自主选择一个远度，不同的远度有不同的挑战成功标准，每人有三次挑战机会。如果挑战成功，就可以把小球换成软式标枪。这个环节不仅关注学生的积极参与、技能体能的发展，而且让每个学生根据自己的能力选择适合自己的挑战目标，给每个学生创设了自我展示的机会，培养学生敢于接受挑战的信心和勇气。最后通过创设火箭发射情境，结合我国神舟 11 号成功发射，激发学生的爱国情怀和民族自豪感，培养学生的爱国情怀和航空梦想。

2. 正面持软式标枪掷远

（1）教师示范讲解正面持软式标枪掷远的动作要点和要求。

（2）学生自主选择远度，在教师的引导下用正面持软式标枪掷远的动作进行投过横绳的自我挑战。教师强调要做出快速挥臂动作。

（3）火箭发射比赛。通过游戏鼓励学生挑战自我，培养学生的爱国情怀和航空梦想。

四、体能锻炼部分

游戏：运送火箭接力。

方法：分四大组，10 人一组。

第一轮：每组最前面的两人合作用肩上屈肘一前一后蹲着走的方式运火箭到目的地后放下火箭，返回与之后的两名学生打手接力，之后的两人以同样的方式进行游戏,后面学生依次进行,看哪组先完成。

第二轮:以同样的运送方式把火箭运到发射中心进行组装,看哪组最先组装完成,并模拟火箭发射。

通过运送火箭接力游戏发展学生的灵敏协调能力等身体素质。培养学生的安全、合作、规则和竞争意识。通过创设运载火箭和模拟火箭发射的情境,激发学生的爱国情感和责任感。

五、放松与结束部分

师生一起做放松活动。总结本课,学生自评本节课的目标达成情况,教师布置课后作业。值日生归还器材。

✐课例解析

在体育教学中,构建悦动课堂、渗透幸福教育是一个长期的、多方位的教育过程。这个过程不是一蹴而就的,只能润物细无声地把幸福教育渗透到教学的各个环节,融知识与技能传授、体能发展和幸福教育为一体,才能真正达到教书育人的目的。下面以四年级《持轻物掷远》一课渗透幸福教育为例解析。

一、让幸福教育"看得见,摸得着"

[教学片段]

上课伊始,宣布本节课的教学任务后,教师没有急着进行热身活动,而是出示了四张教学卡片:"同学们,看,老师带来了什么,请大家一起读出来。""两种社交技能:责任、帮助他人;三个鼓励的动作:大拇指、击掌、拍拍后背;四句鼓励的话:你真棒,你可以做到,不要放弃,继续努力;五个行为要求:百分之百参与,时刻注意安全,认真听讲,服从指挥,爱护器材。"学生读完后,教师接着鼓励大家:"希望同学们在学练过程中能主动帮助同伴,能运用手势和话语鼓励同伴,并遵守五个行为要求,大家能做到吗?""能……"学生们带着自己的责任,按照教师的要求开始了这节课的学习……

[解析]

课前教师深入挖掘了投掷教学中渗透的幸福教育因素,并充分了解学生,进行多种预设,最关键的是获悉使学生获得幸福感的显性行为,即用"看得见,摸得着"的可视化方式让学生获得幸福感。本节课运用的教学卡片提出的两种社交技能、三个鼓励的动作、四句鼓励的话和五个行为要求,就是将隐性的幸福目标外显、具体地传递给学生,让学生明确具体学习目标。

二、让幸福教育"有体验、有内化"

[教学片段]

在教师示范讲解完持轻物掷远动作要领之后,学生采用两人轮换互帮互助的形式用彩虹球进行学练。教师提出具体要求:"能主动帮助同伴纠正动作,不能有嘲笑技术差者的表情和行为,要鼓励指导同伴不断进步。""预备!"教师喊出口令,前排的学生做好了投掷姿势,可后排的学生站着没有反应,教师立即提示:"请后排的同学帮助同伴检查投掷动作,能帮助别人是一种能力!"小老师们这才意识到自己的责任。但有的学生不知道怎么帮助同伴,教师接着提示他们投掷动作的观察点和帮助点,告诉学生帮助和鼓励同伴是送给同伴最好的礼物。经过教师的两三次提示,终于听到学生互帮互助的声音:"两脚前后开立""小球高于头部""肘向前""眼看前上方""加油""你真棒""你可以做到的"……有的小老师帮助同伴纠正投掷动作,有的小老师用语言和动作鼓励同伴。学生脸上洋溢着开心的笑容。巡视中,教师发现一组女生情绪低落,原来她们每次都投不远,投完两人只是默默地交换位置,同伴间没有鼓励和指导。教师立刻关注并鼓励她们:"两人要相互帮助和鼓励,才可以有更大的进步哦!"并让她们观察身边的同学怎么做的。在教师的不断引导下,她们也开始相互帮助和鼓励。

[解析]

隐性的幸福教育目标只有具体地表述出来并带领学生在体育活动中身临其境地体验,引起学生的心理变化,才能让学生获得真实的心理感受,才会对他们真正地起作用。这节课,教师在学生学练过程中先提出具体要求,再一步步引导学生帮助和鼓励同伴,让学生真实地去体验、去感受、去领悟帮助和鼓励他人是一种能力,是自信的表现,是给他人的一份礼物,是一种幸福的体验,为学生社交技能的提升创造了良好的环境,让学生获得了一种积极的心理感受,既有幸福教育的过程和体验,又有结果的内化感悟,使学科教学真正向学科育人转变。

三、让幸福教育"有差异,有快乐"

[教学片段]

在挑战奖牌线环节,三条投掷线由近到远分别设为铜牌线、银牌线和金牌线,每人有三次机会,最后看能挑战成功哪条奖牌线。三次挑战之后,每人都对自己的投掷能力有了初步的认识。教师说:"好,下面我们进行挑战自我环节,大家根据刚才挑战奖牌线的情况,自主选择一个远度,挑战三次,看谁能挑战成功。选择的远度不同,成功的标准也不同,如果选择铜牌线,三次必须都投过横绳;如果选择银牌线,三次中要有两次投过横绳;如果选择金牌线,三次中要有一次投过横绳。如果挑战成功,就可以把手中的彩虹球换成火箭(软式标枪)。"学生们很兴奋,个个憋足了劲选择好了自己的挑战远度。"成功了!""太棒了!""加油!""你可以做到的,继续努力!"学生们相互击掌、竖大拇指、拍后背。来自同伴的鼓励与帮助激励着每一个人。第一轮挑战结束,大多数学生手中的彩虹球换成了火箭,只有两个女生仍拿着彩虹球。教师及时鼓励她们:"不要放弃,你们还有机会,只要努力了,比原来有进步,你们就是最棒的。"这两个女生同时也得到了全班同学的鼓励。终于在第二轮挑战中两位女生挑战成功,全班同学对她们报以热烈的掌声……

[解析]

德国教育学家第斯多惠说:"教学的艺术不在于传授本领,而在于激励、唤醒、鼓舞。"本节课教学中,在教师的引导下,学生自选挑战难度,再加上器材的巧妙变化,让不同水平的学生都能获得进步和发展,让每个学生都体验到了学习和成功的快乐。

四、让幸福教育"有情景,有升华"

[教学片段]

"加油,加油……"这是最后体能游戏环节运载火箭、实现航空梦的情景。学生们喊着口号齐心协力,用蹲着走模仿火车平稳运载火箭的方式,先把火箭运到第一站,再运到第二站,最后把火箭运到发射中心,很快大家就把火箭组装好了。"老师,我们发射火箭吧",这时一个男孩子迫不及待地说。"好,让我们倒数5秒,5、4、3、2、1,发射! 成功……"学生们相互击掌欢呼庆祝。趁着大家都兴奋的劲头,教师及时出示了神舟11号成功发射和与天宫二号成功对接的图片:"同学们,2016年10月17日我国神舟11号载人飞船发射成功,10月19日与太空中的天宫二号成功对接,实现了我国航天史上又一伟大的梦想。希望同学们积极锻炼身体,好好学习,将来也为我国的航天事业贡献自己的力量,实现自己的航天梦。同学们,有没有信心?""有!"……

［解析］

学生的头脑不是一个被填满的容器,而是需要被点燃的火把,教师的责任就是把火把点燃,照亮学生的梦想之路。本节课通过创设运送火箭和模拟火箭发射的情境,通过教师语言描绘、学生使用火箭(软式标枪)演示、音乐渲染等,创设具体而生动的场景,寓游戏于情境之中,把学生引入实现航天梦的情境之中,使他们产生愉快的心理感受和情绪体验。最后出示我国神舟11号成功发射的图片,以激发学生的爱国情怀和民族自豪感,激励学生积极锻炼身体,好好学习,将来为我国的航天事业贡献自己力量,实现自己的航天梦,让幸福教育在寓情寓景中不知不觉得到了升华。

总之,构建体育悦动课堂,让体育教学真正地触及学生的情绪和意志领域,触及学生的精神需要,才能充分发挥体育教学的育人功能,让教学过程变得快乐、充满价值,助学生幸福成长。

道德与法治教学课例《我们班四岁了》

青岛燕儿岛路第一小学　雷双歌

教学内容

《道德与法治》(四年级上册)第一单元《与班级共成长》第1课时

教材分析

主要内容:第一部分"我们班的成长足迹",旨在回顾班级的成长历程,回忆班里发生过的有趣或难忘的事;第二部分"我们班很棒",寻找班级的优点和不足,并为班级建设献计献策;第三部分"班徽设计大赛",结合班级实际,学习设计一个主题明确、简洁美观的班徽。

学情分析

四年级学生已经具备一定的认识问题、解决问题的能力,但是在全局意识、换位思考等方面仍存在不足,需要教师悉心引导;同时,学生们已经相处了三年,但随着年龄的增长,独立意识逐渐增强,教师帮助学生在个体独立与集体意识间寻找平衡点,同时增强学生的班级主人翁意识。

教学目标

(1)培养班级认同感与责任感,增强集体凝聚力。
(2)认识徽章的重要意义;学习设计班徽。
(3)能够通过观察发现、总结班级的优缺点,提出改善办法。

教学重点

(1)培养班级认同感与责任感,增强集体凝聚力。
(2)认识徽章的重要意义;学习设计班徽。

教学难点

能够通过观察发现、总结班级的优缺点,提出改善办法。

教学过程

一、师生对话,导入新课

师:同学们,我们都有自己的年龄,并会为自己或者他人庆祝生日。我们的班级也有自己的年龄,那么,我们的班级现在几岁了?

生:四岁了。(板书:我们班四岁了)

师:我们都会过生日,那么,今天我们也为我们的班级过个生日好不好?下面,就让我们用特别的方式来为班级庆祝四岁生日——重温一下这三年多我们的美好回忆,并为班级做力所能及的事情。

【设计意图】以师生对话的方式引入新课,创造为班级庆祝生日的场景,让学生感受到为班级庆生的幸福感和荣誉感。

二、出示照片,回顾成长

(一)教师出示学生刚入学时的照片、视频

师:同学们,看到这些照片,你们还能回忆起刚上小学时自己的心情吗? 当时对学校、老师、同学有怎样的第一印象呢?

【设计意图】通过照片、视频,引导学生重温入学时的情景,为接下来继续回顾班级成长历程打下情感基础。

（二）教师出示班级春游和秋游的相关材料

师:下面让我们再来仔细观察一下春游、秋游的集体照,大家还记得这些活动吗?（学生集体回答)你们还能记起关于这些活动的哪些事情呢?有什么感受?（随机点名回答)

教师根据学生的回答,总结班级的优点,如学生团结友爱、有责任心、遵守规则……（相机板书)

同桌之间限时交流,互相讲述自己在班级生活中最难忘的一件事情(温暖感人的、幽默有趣的、伤心难过的……),适当运用自己课前准备好的照片、纪念品等辅助讲解。

【设计意图】教师将课堂还给学生,通过讨论与合作提升学生的课堂参与度,激发学生的集体荣誉感。

教师巡视,注意学生的交流情况。

交流结束后,教师从两个方面进行小结:

（1）同学们总结了班级的优点。

（2）我们的班级是美好的,它的优点让许多同学觉得温暖;但是从有些同学的讲述中可以知道,我们的班级还存在诸多不足,这些是我们要同心协力、一起改正的。

【设计意图】将班级优缺点的发现穿插到同学们的讲述中,顺势总结,使学生更加了解自己的班集体,激发学生的集体荣誉感和上进心。

师:通过以上回忆,我们可以发现,当我们班圆满完成某项活动或者获得荣誉时,你们的心情是……

生:高兴、激动……

师:当班级活动不顺利或者受到批评时,你们的心情是……

生:难过、沮丧……

师:我们为什么会有这样的心情呢?这都是因为我们是班级中的一员,它的荣辱与我们息息相关。（加重语气)

【设计意图】教师引导总结,强调对于一个班级而言,认同感、责任感以及集体凝聚力的重要性,并激发学生作为班级一员的自豪感、幸福感和荣誉感。

师:有句古语说得好,"金无足赤,人无完人"。同样地,我们的班级也不可能是十全十美的,有优点,也有不足。请同学们思考并在组内讨论交流一下:我们的班级还有哪些不足之处?你们有什么解决问题的"金点子"吗?请各小组合作完成下列学习单。(表1)

表1 小组讨论学习单

班级问题我来找	
我发现的问题	
我认为产生问题的原因	
我的"金点子"	

教师巡视检查,然后板书"优点与不足"和"我的金点子",由各小组推选代表填写到黑板上。

教师对学生的板书进行指导,删掉重复的,并对不甚妥当的解决办法指出存在问题,引导学生发言,提出更好的解决方案。

【设计意图】充分发挥学生的能动性,充分关注学生的主体和主动性,突出学生的主体地位。小组讨论进行思维碰撞,将班集体的优点和缺点分析得更加细致,也能集思广益想出更好的解决方法。

四、班徽设计我最棒

师:同学们,在我们班级四岁生日之际,我们对美好的集体生活进行了非常有意义的总结。最后,让我们送给班级一份非常有意义的生日礼物!我们要送的礼物是什么样子呢?(播放班徽的意义和班徽设计微课视频)

师:这就是我们接下来要团结合作制作的生日礼物——班徽。在这之前,也有很多小朋友为他们的班级制作过班徽,让我们来看一下他们制作的班徽是什么样子的。(教师引导学生仔细观察课本上出示的班徽,阅读提示语。引导学生关注班徽设计的若干要素:图形、颜色、组合、象征意义)

师:班徽是一个班级的标志,是班集体的象征。班徽代表着同学们的心声,凝聚着同学们的想象和创造,寄托着同学们的理想和希望。下面,就让我们以小组为单位,齐心协力为我们的班级设计一个班徽。

小组合作按要求设计班徽。(播放轻音乐,教师巡视指导)

学生分小组上台展示各自设计的作品,介绍班徽由什么图案组成,为什么选用这种色彩,有什么含义。介绍完把作品贴在黑板上。教师对每幅作品都给予肯定与鼓励。全班讨论交流,以投票的方式选出本班班徽。

师:你们的设计太有创意、太独特了。通过这一幅幅作品,老师深深地感受到每一个同学对班集体的真心与热情,对班集体的热爱和美好祝愿。真心希望每一个同学都能在这个大家庭里团结友爱,奋发向上,茁壮成长,幸福快乐!

五、课后作业

(1)各小组可参考教师和同学们提出的建议,将班徽制作成形,并举行班徽悬挂仪式。

(2)预习新课:讨论如何制定班规。

六、板书设计

我们班四岁了

班级成长足迹　团结友爱　互帮互助

大家庭

优点与不足　我的金点子

课例解析

良好的班级育人环境,能够产生强大的向心力与凝聚力,让受教育者感受到幸福感与归属感。本节课旨在培养班级认同感与责任感,增强集体凝聚力,激发学生作为班级一员的荣誉感和幸福感,让道德与法治课堂融入幸福教育。

一、情境导学,在情感碰撞中提升幸福感

情境式教学导入,激发学生兴趣。"兴趣是最好的老师。"本节课以师生对话、用日常生活作类比的方式引入新课,以为班级庆生为切入点,把学生的注意力集中在课堂中,调动学生学习的主动性。庆祝生日情境的创设贴合学生实际生活,营造了轻松愉快的教学氛围,让学生感受到为班级庆生的幸福感。

二、视频展示,在美好回忆中重温浓烈的幸福感

美国教育家诺丁斯在《幸福与教育》中曾把"幸福"看作生活和教育所追求的最终目的。学生在学校收获的不只是知识,应该还有融入集体的幸福感。本节课以为班级庆生做铺垫,运用图片、视频更加直观地将学生代入情境,产生共情。教师带领学生共同回忆,感受从一年级的稚嫩到四年级的成熟的成长变化,将入队仪式、班级活动等成长的重要片段用图片和视频的方式展现出来,让学生感受到班级具有纪念意义的每一刻都有自己的参与,由此可以让学生获得参与感,在参与中提升幸福感。

三、以生为本,在自主探讨中探寻幸福感

生本课堂即以学生为本,以学生为中心,把课堂交给学生。本节课,学生通过课前自主回忆班级生活中难忘的事,并在班级中展示分享,成为课堂的主体;通过小组合作探究等方式分析班集体的优缺点,学生全身心参与,人人为班级献上金点子,激发了学生的集体荣誉感。教师在课堂上只做引导者和总结者,把课堂还给学生,让学生在课前准备中体验思考的幸福,在课堂讨论中感受自主的幸福,在教师评价与小结中感受成功的幸福,在探究中感受发展的幸福。

幸福教育即以幸福课堂为载体,让学生在课堂学习中获得快乐,在幸福课堂的教学和建构中获得幸福情感,内化幸福观念。没有幸福课堂,就无法真正实现幸福教育。因此,在道德与法治课中实施幸福教育,首先就要建构幸福课堂,这一方面需要教师确立生本课堂理念,另一方面需要落实多样化的课堂教学模式。

信息技术教学课例《图表展本领》

青岛燕儿岛路第一小学　高　煊

教学内容

《信息技术》(三年级上册)第三单元《图表展本领》第 9 课时

教材分析

这一节是在前面学习了文档的建立、编辑和修饰的基础上进一步学习如何在 Word 中插入图片,实践操作性很强,而且要求学生有一定的上机操作能力。教材中讲述了如何插入图片和图片文字排版,以会使用为教学目标。这一节仍以任务驱动的形式进行授课。通过课堂教学,使学生掌握本节课的基础知识和重难点。

学情分析

1. 学生的一般特征

三年级学生的逻辑思维处于发展期,主要表现在以下四个方面:

(1)能按照提出问题、明确问题、提出假设、检验假设的路径,经过一系列抽象逻辑过程来解决问题。

(2)在复杂的活动开始前还不能制订计划和策略等。

(3)形式运算思维已逐步形成优势。

(4)能反省和调节思维活动,使思路更加清晰、判断更为正确。

2. 学生的学习风格

三年级学生喜欢通过"动手"活动进行学习;喜欢多种刺激同时作用的学习;需要经常受到鼓励和安慰。同时,他们富于激情,感情丰富,开始重视社会道德规范。

教学目标

1. 知识目标

能够熟练地在 Word 文件中插入图片,并进一步掌握图片的格式设置。了解图文混排技术,会制作简单的由图片和文字组成的个人名片。

2. 能力目标

利用 Word 中的基本操作解决实际问题;培养学生处理信息和自主探索学习的能力。

3. 情感目标

培养学生的探索精神、创新精神,进一步激发学生学习计算机的兴趣。

将制作的个人名片与同学交换,以此增进对同学的了解和感情。

教学重点

(1)在 Word 中插入图片。
(2)设置图片的格式。

教学难点

在 Word 中选择适当的方法对图片和文字进行排版。

教学过程

一、导入新课,提出任务

师:同学们,你们见过别人的名片吗?

生:见过。

师:名片上都有哪些重要的信息呢?

生:姓名、工作单位、职务、联系电话……

师:那你们见过下面这种类型的名片吗?(出示课件里的电子名片)这些名片好看吗?你们想不想也制作属于自己的名片呢?

生:想。

师:那今天这节课就让我们一起用 Word 制作漂亮的电子名片吧!

二、讲授新课

(出示课件里的任务一:设置纸型和页边距)

第一步:设置纸型及页边距。

学生根据之前所学知识选择名片的大小以及纸张的方向,并在页面设置中设置合适的页边距。

（出示课件里的任务二:输入文字）

第二步:输入文字。

学生根据之前所学知识输入个人信息,并对字符进行修饰,可以设置字体、字号以及颜色。

（设计意图:这两个操作在前面已经学习过,所以让学生通过复习的方式进行自主操作,达到温故而知新的目的）

师:一张只有文字的名片好不好看呢?

生:不好看。

师:我们刚才欣赏的名片是因为图文并茂才变得精彩的。可是如何插入图片呢? 这就是我们今天要学习的重点内容之一。

（出示课件里的任务三:插入图片）

第三步:插入图片。

学生观看微视频学习插入图片;观看后选择一张自己喜欢的图片插入名片中。教师在此环节要引导学生观察"插入"菜单中的"图片"的二级菜单有哪些项? "剪贴画""来自文件""自选图形""艺术字""图表"等都可以插入图片。教师示范怎样插入剪贴画。单击"剪贴画",就会出现一个"插入剪贴画"的窗口,其间罗列了51类剪贴画,单击"运输",显示区内出现"运输中的剪辑",选中"划船"图片,然后单击出现的"插入剪辑"按钮,文档插入处就会出现选中的剪贴画,关闭"插入剪贴画"对话框,完成剪贴画的插入。

（设计意图:讲授、演示、练习相结合,让学生学会通过多种方法思考和解决问题）

（出示课件里的任务四:给所选图片设置合适的大小及位置,并将图片衬于文字下方）

第四步:设置图片格式。

师:可是这时的图片尺寸大小以及位置可能不太符合我们的要求,如何对插入的图片进行设置?

师:根据"先选中,后操作"的原则,请同学们分组讨论,找出设置图片格式的几种方法,最后小组选出代表,在教师机上演示,说明操作步骤。

师:同学们刚才总结得很好,这充分说明了团结协作、互相交流讨论是提高计算机操作水平的好方法。下面我对刚才的问题总结如下:我们可以单击图片,图片的上、下、左、右四条边和四角上会出现八个小方块,我们叫它尺寸控制点。移动鼠标,使鼠标处于其中一个尺寸控制点上,鼠标指针就变成了双向箭头,然后我们沿着箭头的方向拖动鼠标,就能改变图片的尺寸大小了。现在我们要把调整好尺寸的图片放到一个合适的位置上:单击图片,把鼠标指针放到图片上,使指针变为十字形箭头,按住鼠标左键拖动箭头,图片随之移动,到了目的地后松开左键,图片就移动到了所需位置。

师:设置图片格式的方法有很多,归纳如下。

(1)选中要设置的图片,执行"格式""图片",调出"设置图片格式"对话框。

(2)选中图片点右键,单击"设置图片格式"选项。

(3)选中图片点右键,单击"显示'图片'工具栏"选项。

(设计意图:一方面,可以让学生了解计算机操作的多样性和灵活性;另一方面,可以让学生自主学习,获得成功的快乐,同时也可以培养他们的合作探究精神)

(出示课件里的任务五:对名片里的文字和图片进行排版,使它们看上去更美观)

第五步:对文字和图片进行排版。

师:至此,一张图文并茂的电子名片就初具规模了,老师也为你们的成功感到自豪和骄傲。可是,请同学们仔细考虑一下,我们现在做出来的这张电子名片和我刚才展示的名片有不一样的地方吗?

生:文字和图片的排版不一样。

(设计意图:通过简单的启发引导,自然地引出最后一个学习问题:为图片和文字排版)

师:你们能在课本上找到文字和图片排版的方法吗?

请一位学生演示并讲解方法。教师引导学生掌握几种不同的文字环绕方式。

(设计意图:让学生自主探究,教师巡回指导答疑,展示学生的成果,让学生体验成功的乐趣)

三、总结回顾

师:请同学们来回顾一下我们这节课都学了些什么。

生:插入图片,改变图片的大小、位置,文字和图片的环绕方式。

师:同学们,今天掌握的这些操作能使我们制作的名片图文并茂。实际上,不仅名片需要图文并茂,我们平时为班级编写的电子班报、写给朋友的信也可以图文并茂,这样会更有吸引力。希望同学们能在生活中灵活运用我们所学的知识,使我们的生活也能"图文并茂"、丰富多彩。别忘了把你们这节课亲手制作的名片跟同学交换,让彼此有更深刻的了解!

课例解析

基础教育课程改革的理念之一是在学生中倡导"自主、合作、探究"的学习方式。这种学习方式落实的前提是教师改变以往陈旧的教学模式,为此笔者设计了体现以学生为主体的课堂教学。

一、以创新思维构建生活情境,助学生幸福成长

本节课是在学生学习了在 Word 中对字符和文档的基本操作之后进行的,对学生提出如下要求:学会制作图文并茂的文档。依据学生喜欢通过"动手"活动进行学习、喜欢多种刺激同时作用的学习、需要经常受到鼓励和安慰、喜欢与同龄人一起学习等特点,采取了以重自主、重环境、重实践、重创新为特点的教学模式和任务驱动教学方法,在愉快和谐的课堂氛围中轻松地突破了本节课的重难点:图片的插入、调整和图文绕排方式的设置。

为了给学生创设相互交流的氛围,我们为学生提供了多媒体计算机网络教室。学生在课堂上可以随时跟同学和老师交流。教师在教学过程中以学生为中心,以任务为主线,结合生活实际,提出任务,并且通过实例的展示,将所要讲授的内容隐含在这一任务中,激发学生的兴趣和学习动机,给学生提供了一个在实践中探索、体会的机会:制作一张电子名片,并告诉他们可以利用所有已经掌握的知识,从而充分调动了学生的主观能动性,使其能在制作的过程中充分发挥主体意识,培养了创新意识。在制作过程中,学生遇到问题可以向教师寻求帮助,教师也可以对有困难的学生进行个别辅导,体现了因材施教的教学原则。在学生制作完名片后,教师选择若干精美作品进行展示和评析,并对学生操作中出现的问题进行讲解。总结时再次回顾这节课所学的新知识,加深学生的印象。

二、勤于动脑动手,培养学生的信息素养

这节课除了达到了预期的教学目标外,还给学生提供了相对较大的自由空间,可以让学生展开想象的翅膀,去构思各自的作品,碰撞出思维的火花。有不少学生不仅插入了剪贴画,还举一反三插入了从网络上下载的图片和自选图形。

还有一些学生为了使画面更漂亮,为文档设置了艺术边框。在展示这些作品时,制作者的示范操作使全班学生对这一非课本内容的记忆深刻。

信息技术是一门创造性极强的学科,在教学中让学生边学边练,进行自主探究式的学习,不仅能使学生在信息技术的课堂上学到某种应用软件的操作,更重要的是培养了学生独立思考和探究的能力,掌握了获取信息、传输信息、处理信息和应用信息的方法,提高了信息素养。

综合实践活动教学课例
《变废为宝——布料 & 纽扣换新颜》

青岛燕儿岛路第一小学　王　懿

教学内容

《中小学综合实践活动课程指导纲要》预设题目第 1 课时

教材分析

《变废为宝——布料 & 纽扣换新颜》的教学内容属于劳动实践体验内容。闲置的纽扣在多数家庭中通常有两种处理方式:留作备用、直接扔掉。其实小小纽扣还有很多用途,本节课就是要启发学生利用家中闲置的纽扣进行创意制作,实现"变废为宝"。

学情分析

环保与我们的生活息息相关,为培养学生的环保意识,本节课以"学生与生活环境"为切入点,引导学生利用闲置材料进行艺术创作,变闲置品为美丽的装饰品的同时,体会动手的乐趣,发现闲置品潜在的利用价值。

教学目标

(1)知识与技能:通过对生活中废旧布料和闲置纽扣的利用,培养分析能力和实践能力。参与讨论并在活动中进行布艺纽扣的缝制,利用微视频学习布艺纽扣的制作方法。

（2）过程与方法目标:调动学生的积极性,发挥创新意识。并从装饰的目的、装饰的色彩搭配等方面出发结合生活实际,把废旧布料和闲置纽扣制作成可美化生活的工艺品。

（3）情感态度与价值观目标:在活动中培养学生的审美意识,提升审美水平;培养学生的环保意识、协作精神,以更好地保护环境、美化环境。

（4）德育目标:树立环保意识,能积极参加劳动,勤俭节约、不攀比;懂得尊重老师,孝敬长辈,能和谐、融洽地与人相处;拥有良好的意志品格和活泼开朗的性格。

✎教学重点

合理利用废旧布料和闲置纽扣进行布艺纽扣的制作。

✎教学难点

培养学生的环保意识和创新、探究能力,提高动手实践能力。

✎教学过程

一、歌曲导入

师:在进行新授课之前,老师邀请大家一起欣赏一首优美的歌曲。（播放歌曲,学生可跟唱）

师:这是一首描写"幸福"的歌曲,旋律甜美,你们听着快乐、幸福吗？（学生交流谈感受）

【设计意图】旨在激发学生对于美好生活的感受,交流时可以谈具体事例,也可以谈整体感受。

师:是啊,我们的幸福生活来源于我们现在所生活的和谐社会。在享受幸福之余,我们又能留给社会些什么呢？（观看图片）

师:大家说得非常有道理。"衣食住行"中的"衣"是我们平日生活中比较熟悉的方面,那你们家有穿破或者穿旧的衣服吗？该如何处理它们呢？

【设计意图】从学生的实际生活入手,引导学生珍惜幸福生活,从穿破（旧）的衣服入手引出本节课的话题。

师:该如何将这些废旧的物品(布料、纽扣)变成我们可以利用的有用物品呢？（观看废旧布料和纽扣的图片,进行小组讨论）

师:老师有个小妙招想和大家一起分享。（观看布艺纽扣制作的艺术品图片）

师:那我们今天就来学习这款布艺纽扣的制作方法吧!

【设计意图】利用小组讨论,让学生对废旧物品的使用方法进行探究,并提出有效的可以实施的建议。

二、探究学习

师:请大家认真观察图片,小组讨论一下,猜想一下它的制作步骤？

【设计意图】小组合作,学生大胆说出自己的想法。

师:带着疑虑,我们来看一段微视频,相信你们一定能从中找到答案。

师:我们来说说制作布艺纽扣的步骤吧。每一步都要注意什么？

【设计意图】微视频只有2分钟,学生对制作步骤记忆得不清楚,教师带领学生进行总结可帮助其回忆制作步骤。

师:你们看得真全面,听得也很仔细,不如咱们师徒来场实践演练——你们说步骤,老师操作示范,看看我们的默契程度如何？

【设计意图】学生回忆制作步骤,教师制作,起到复习巩固的作用。

师:在制作之前,大家先来帮帮老师。我想给这只套袖做一个布艺纽扣,这里有三种花色的布,大家来帮我选择一下,哪块布比较合适？为什么？

【设计意图】在制作前,为了成品美观,要考虑形状和色彩搭配问题,这是学生不容易想到的。教师可引导学生关注色彩、大小等问题。

三、学生实践

师:说了这么多,大家已经摩拳擦掌、跃跃欲试了。在制作之前,大家还有什么要互相提醒的吗？

师:那我们就亲手制作一款精美的布艺纽扣吧,在制作过程中要注意自己和他人的安全。

【设计意图】学生进行实践操作。

四、拓展延伸

师:看着一枚枚精致的布艺纽扣在你们手中诞生,老师特别欣慰。你们将废旧物品变成了我们可以利用的有用资源,这本身就是勤俭节约的一种体现。

勤俭节约是现实社会非常需要的,也是我们少先队员必须拥有的高尚情操,只有这样,我们的民族才能兴旺,我们的祖国才能富强。让我们牢记社会主义核心价值观的基本内容,发扬美德,争做合格的小公民。

✐课例分析

一、理性认识

综合实践活动课程是基于学生的直接经验、密切联系学生生活,体现对知识的综合运用的课程形态。在综合实践活动课程的开发和实施过程中,尤其强调学生的动手操作和亲身体验,指向学生综合实践能力的养成,以使其幸福成长。

综合实践活动具有自主性、生成性。尽管小学三年级的学生还不能充分发挥自主性,学生之间存在能力差异,但只要教师对其进行必要的指导,他们就能初步养成自主选择学习目标、内容、方式的能力。同时,虽然教师要发挥指导作用,每一次活动开始之前都要进行周密的计划,但仍然是以尊重学生的选择为前提的。随着活动的开展,学生在动动、玩玩、想想、说说中不断生成新的目标,不断生成新的主题。虽然研究程度不深,过程控制不稳定,但学生在这个过程中兴趣盎然,认识和体验不断加深,创造性的火花不断迸发,这是综合实践活动生成性的集中表现。

二、实践分析

第一,教学是一个让学生亲身感受、体验,将学知和学做紧密结合起来的过程。本课例设计强调学生在学习过程中不仅要用脑子想,而且要用眼睛看,用耳朵听,用嘴说话,用手操作,即用自己的身体去经历,用自己的心去感悟,通过体验和内省,实现自主学习,从而达到自我完善和提升的目的。在教学实践中,要想让学生真正动起来并切合主题,就一定要寻找师生共同感兴趣的操作平台,教师要尊重学生、倾听学生的心愿,这样才能真正营造轻松、和谐的教学氛围,才能构建和谐课堂。

第二,教学的生命力来源于学生的生活实际,因此,教学要与现实生活相联系,选择与学生成长密切相关的内容。由于贴近了学生的生活,走进了学生的心里,也就真正让学生动了起来,达到了人本化的教育目标。

第三,关注课堂师生关系的建构。对教学而言,交往意味着对话,意味着参与,意味着相互建构。它不仅是一种教学方式,更是充盈于师生之间的一种教育情境和精神氛围;对学生而言,交往意味着心态的开放、主体性的凸显、个性的张扬、创造性的解放;对教师而言,交往不仅是传授知识,更是分享观点。

地方与学校课程教学课例《百世之师》

青岛燕儿岛路第一小学　崔光萍

教学内容

《中华优秀传统文化》(四年级)第三单元《圣贤》第二课《百世之师》第 1 课时

教材分析

《百世之师》是四年级《中华优秀传统文化》第三单元《圣贤》中的第二课。第三单元的主题是圣贤,目的是要让学生懂得崇德尚贤。第六课《百世之师》是通过《孟子》《礼记》向学生介绍圣贤之人的言行举止,告诉学生无论是圣人还是普通人都要对自己高标准、严要求,"三省吾身",修正自己的言行。

学情分析

学生有了一定的传统文化知识基础,对祖国的语言文化表现出比较浓郁的兴趣,加之这节课涉及的故事较多,学生比较喜欢这节课;但文言文阅读对学生来说是比较困难的,需要教师范读。

教学目标

(1)能借助拼音,通过教师的范读、领读以及和伙伴的合作读等方式,正确、流利地朗读课文。

(2)利用视频创设情境,调动学生的阅读兴趣,借助"字词释义""诗文通译"

及小组合作理解文言文的意思,并能用自己的话说说其中的含义。

(3)结合生活实际,思考自己能从圣贤身上学到哪些品质?

📝教学重点

(1)进一步感知圣人的品德,了解"百世之师"为中华传统文化做出的贡献。

(2)结合生活,思考自己能从圣贤身上学到哪些品质?

📝教学难点

(1)利用视频创设情境,调动学生的阅读兴趣。

(2)借助"字词释义""诗文通译"及小组合作理解文言文的意思,并能用自己的话说说其中的含义。

📝教学过程

一、复习旧知,导入新课

师:上节课,我们学习了许多圣贤人物,也了解了他们的许多故事,不知道课下同学们有没有再查阅圣贤故事?

同学们,这些圣贤品德高尚,是我们世世代代学习的楷模,所以尊称其为"百世之师"。(板书)今天让我们再来认识几位"百世之师"吧。

二、品读经典

(一)学习《孟子》

1. 熟读

师:(课件出示第一段)请同学们来看看这一段,先听老师读,并把不认识或拿不准的字标上拼音。(师读,注意停顿)

师:同学们都标注好读音了吧?那大家跟着老师一起读一遍,我读一句,同学们跟读一句。

师:下面咱们全班一起读一遍。(齐读)

师:相信同学们自己也能读好了,哪位同学来展示一下?

2. 理解

师:虽然会读了,但大家知道这段文字的意思吗?请同学们借助"字词释义"

和"诗文通译"理解这段文字的意思,并在四人小组中交流自己的理解,也可以提出问题。

师:哪个小组愿意与大家交流一下?(全班交流)

师:伯夷是谁?让我们一起看个视频。你们觉得伯夷是个怎样的人?(爱国守志,仁义礼让,有孝心,他的这些高尚品行真是令人敬佩)

师:(课件出示柳下惠的故事)柳下惠给你留下了什么印象?

3. 小结

师:听了伯夷和柳下惠的故事,我们就不难理解孟子为什么称他们为"百世之师"了。我相信大家也一定会像孟子一样对两位贤人充满敬意,那让我们带着这种崇敬之情再来读读这段吧。

(二)学习《礼记》

1. 熟读

师:这一段相对简单,请同学们试着自己读读,并画出停顿符号。

师:谁能当小老师范读一下?(读得真流畅,停顿也很准确)

2. 理解

师:这句话什么意思?请借助注释理解,并用自己的话说说其含义。

师:(出示诗文解读)是的,古代圣贤在中国历史上起到了教化百姓的重要作用。圣贤们优秀的品德、人格、思想构成了厚重的圣贤文化,是中华优秀传统文化的重要组成部分,值得我们好好学习和继承。

三、总结提升

师:通过这些圣贤故事,你们学到了什么?你们觉得自己应该如何做?

师:同学们,正如《千字文》中"景行维贤,克念作圣"所说的那样,我们要仰慕有德有才的贤者,克制不良的私欲,才能效仿圣人。

四、布置作业

师:关于圣贤的名句还有很多,课下请同学们查找一些积累在本子上,让圣贤的光芒照进每个人的心里,帮助我们正心修身立德!

五、板书设计

伯夷　　　　　　　　　　　　教人

百世之师

柳下惠　　　　　　　　　　　　有礼

课例解析

传统文化课堂是弘扬中华优秀传统文化的主阵地之一。抓住常规课堂教学这个主阵地，在传授学生知识、方法、技能的同时，尽可能地深入挖掘其蕴含的"思想美""内容美""人格美"和"风格美"，以塑造学生健康的情感、态度和价值观。课堂教学应落实以下两点。

一、关注差异，以读促思

记、诵是学习国学的基础。"读得熟，则不待其说，自晓其义也。故书不厌百读，熟读深思子自知。""熟读唐诗三百首，不会作诗也会吟。"课本收录的文言文大多妙语连珠，韵律优美，朗朗上口，易于成诵。俗语云："书读百遍，其义自见。"在诵读中，学生获得对人生的感悟。"发之于口，出之于心"，朗读不仅有利于学生语言的学习、表达水平的提高，而且能促进学生理解、想象和联想能力的提高并培养语感。朗读的方式多种多样，可以教师范读和领读，也可以学生跟读、单读、对读、轮读。朗读时教师应采用差异教学，因为许多学生课下预习效果欠佳，所以先请朗读能力较强的学生领读，提升他们的自信心；对于个别朗读能力较弱、跟不上节奏的学生，可采用小组合作读的方式，让学生互相学习，互相督促，共同提高。

熟读是理解的基础，多种形式的读，避免了乏味，又能帮助学生理解文本。不能把传统文化课上成语文课，也不能把它上成道法课。我们要读、要理解，这和语文课相通；我们要学习古诗文的精华，学习古人崇高的精神，让心灵得到净化，这又与道法课相契合。传统文化课更注重熏陶，我们应想办法让学生热爱传统文化。

二、趣字为先，注重激发学生兴趣，提升学生的幸福感

文言文大多比较拗口，难认难读难理解，许多学生会出现畏难情绪，所以一

定要调动学生的学习兴趣。俗话说,"兴趣是最好的老师",教师应想方设法激发学生的学习兴趣,提升学生的幸福感。

1.故事激趣法

本节课多处使用故事激趣法。开课伊始,让学生讲讲自己课下查找的故事,学生表现得很积极,这给了他们展示的舞台。班里几个"故事大王"有了自己的施展空间,特别兴奋,其他学生也听得入神。这样既锻炼了学生的口头表达能力,又让其在轻松愉悦的环境中开启新课的学习。

2.动画激趣法

在学习《百世之师》时,伯夷是谁,学生大多没听说过,通过播放相关动画,学生总结出伯夷爱国守志、仁义礼让的品质。

3.挑战激趣法

在学习《礼记》相关内容时,教师这样引导学生:"这一段相对简单,请同学们试着自己读读,并画出停顿符号。"以前都是教师直接帮学生画好停顿符号,本节课这一环节是学生能力提升的一个表现。教师应探索教学策略,巧妙运用多种方法激发学生学习文言文的兴趣,让学生慢慢喜欢文言文,爱上文言文学习,感悟中华优秀传统文化的魅力,提高文学素养,是我们传统文化课教师最重要的任务。

乌申斯基说:"教育的主要目的在于使学生获得幸福。"学生的大部分时间是在校园内度过的,教师、课堂、学校活动、书香校园的建设都是提升学生在校幸福感的重要因素。我们教师应该努力探寻开启学生幸福大门的钥匙,关注学生差异,提升学生的幸福感,为学生的终身发展打下坚实的基础!

家庭教育教学课例《打开心之门，创设融洽亲子关系》

青岛燕儿岛路第一小学　金继翔

教学内容

"家庭教育"为学校校本课程，旨在指导家庭形成良好的环境气氛，对学生的个性发展产生积极且重要的影响。维护和谐的亲子关系，创造温暖和谐的家庭氛围，有利于子女的健康成长，而创造这一气氛的关键就在于本节课的主题——良好的亲子沟通。

教材分析

《青岛市中小学（幼儿园）家庭教育指导纲要（试行）》提纲挈领地针对6～12岁孩子的心理特点对家庭教育工作进行了指导，使家庭教育工作再次被提到重要的位置。

学情分析

小学高年级是小学生成长的重要节点，学生初步出现不同程度的分化。身体的成长会表现出与不同个体之间的差异，由于家庭环境和其他条件的差异，学生对事物的认识差异变大。学生往往按照自己的主观愿望去思考问题，在处理事情时，也会用自己认为合适的方式方法。这种情况下，亲子之间容易发生矛盾。一些学生与父母关系疏远，不愿意与父母进行交流，显示出独立的个性。因此，家庭成员之间的沟通尤为重要。

教学目标

（1）以问题为导向进行探究，让爸爸充分意识到孩子在学校的表现受到家长影响很大。

（2）在亲子体验活动中，让学生认识到自己对爸爸的了解并不像自己想象的那样，需要加深双方之间的了解。

（3）通过家庭成员合作规划，让亲子双方打开心灵的大门进行交流与合作。

📝教学重点

通过亲子体验活动,让亲子双方加深了解,尤其是发现平时生活中不曾注意的方面,为良好的亲子沟通打下坚实的基础。

📝教学难点

让亲子双方打开心灵的大门进行交流与合作。

📝教学过程

一、热身导入

进行"1""2"鼓掌热身活动,欢迎来到课堂中的爸爸们,同时活跃气氛,提示学生这是一节特别的课,因为有爸爸们的加入,变成了一堂亲子共参与的家庭教育课。

之后全体共同朗读家庭教育课的公约——真诚、尊重、倾听、分享。

二、以问叩心门

课上的第一个问题先给爸爸们:"希望自己的孩子在学校里好好表现,上课积极发言吗?爸爸们在这节课上要怎么做呢?"引导爸爸们明确在任何时候都要言传身教,以身作则,做孩子们的榜样。

教师小结:"相信爸爸们会成为好榜样。能来到课堂本身就代表着爸爸们的态度,谢谢你们!"

之后问学生:"之前爸爸有和你一起上过课吗?"除了提示在座的家长和学生这是一堂家庭教育课之外,也引起双方的反思:成长这件事,是家人共同参与的。

教师小结:"希望今天会是一个良好的开始,会成为你和爸爸一起成长的契机。"

三、以手近距离

给学生的问题:"你熟悉你的爸爸吗?"针对这个问题,预设有的学生会很自信,有的学生会有一些犹豫。这都反映出孩子与家长之间的熟悉程度和亲密程度。

接下来通过活动来验证学生是否真正熟悉自己的爸爸。学生们戴好眼罩之后,教师随意给爸爸们编号,然后依次让学生们摸爸爸们的手。过程中,教师提示爸爸们要好好观察。在学生们摸完手之后,让爸爸们回到自己之前的位置。

按照顺序依次问学生:"你觉得这是不是你的爸爸?"学生回答之后,摘下眼罩进行验证。这时教师提出问题:"刚才发生了什么?你有什么样的感受?"并让大家一起分享和交流。

教师小结:"同学们几乎每天与自己的爸爸朝夕相处,但是你们有多长时间没有去牵爸爸的手了呢?好像并不是所有的同学都是百分之百熟悉自己的爸爸。同样,爸爸们有多久没有和自己的孩子拉手了呢?这是值得我们思考的问题。"

接下来请学生拉着爸爸的手,让爸爸坐在自己旁边的座位上,互相交流刚才的感受,进一步熟悉彼此。

四、以笔画心事

此活动采用绘画的方式,画纸分为 A、B 两种,A 为学生用纸,B 我爸爸用纸,其中问题也不相同。

A.回想一下最近你和爸爸之间发生的印象最深的事情是什么?可以是高兴的,可以是生气的,也可以是难过的,等等。

用你喜欢的颜色、喜欢的方式把它画出来。

B.你觉得最近遇到的最难的事情是什么?用你喜欢的颜色、喜欢的方式把它画出来。

在这个过程中,教师进行绘画提示——这不是美术课,没有好看与不好看之分,画出自己的感受和想法就可以。

在之后的分享交流阶段,各组学生和家长分别表述自己所画的内容,教师询问对方了解这件事情吗?对一件事往往家长和孩子双方会有不同的感受,这正是需要好好分享与交流的。

沟通之后,大家将想对对方说的心里话写在刚才画的画中。若想分享,可以读出来;如果不想分享,就给对方看。

教师小结:"父亲和孩子之间什么是最重要的呢?我想就是开诚布公的表达吧。只要说出自己内心想要说的话,相信对方会理解的。"

五、齐心合作画

此项活动是合作绘画。双方在同一个工作台上进行合作,每人画一笔,轮流画,不用语言交流。画完之后,大家分享和交流画作。

教师小结:"沟通应该是双向的,这样双方才能更好地了解彼此,才会敞开心扉,才会有更加融洽的亲子关系。"

六、分享课堂收获,发表课堂感言

请家长与学生分享这节课中印象最深的环节,并且分享自己在这节课上的收获。最后请家长课后完成反馈表,进一步内化课堂成果。

✐课例解析

哈佛大学教授塔尔认为,幸福感是衡量人生的唯一标准,是所有目标的最终目标,孩子们满满的幸福感是家庭给的。日本教育家福泽谕吉说:"家庭是习惯的学校,父母是习惯的老师。"良好的家庭教育是家庭给予的,作为家庭教育工作者的我们应该精研家庭教育的有效策略和方法。

本节课后,参与的家长认识到——亲子沟通不畅,有很大的原因是在父母身上。要帮助孩子幸福成长,家长应该是孩子最亲密的朋友。拥有融洽的亲子关系,对孩子的身心健康尤其重要。

学校做家庭教育的初衷是希望孩子幸福成长。这个主题和愿望会让家长和学校携手并肩,共同做好家庭教育工作。所以,在家庭教育工作中,教师和家长要学会用爱面对、用爱倾听、用爱发现、用爱鼓励、用爱包容。家庭教育并不是简单的旅程,家庭教育是学校教育和整个教育体系的起点和基点,也是社会稳定和良性发展的根基。作为家庭教育指导工作的承担者,我们要精研家庭教育的有效策略和方法,推进家庭教育不断发展。

第四章 特色课程实施纲要案例

"数海拾趣"课程实施纲要

青岛燕儿岛路第一小学 王 琪

课程名称:数海拾趣
授课对象:四年级学生

第一部分 前言

"数海拾趣"课程把"做数学,玩数学,学数学"放在第一位。本课程旨在让学生在趣味化、生活化的数学教学活动中自主建构数学知识,创设轻松、活泼的教学氛围,使教学活动源于生活,源于学生好奇之事,引导学生积极运用自己已有的生活经验去探索、去发现、去体验,让他们亲身感悟数学知识;通过探究和发现感受到数学的有趣、有用,同时有信心学好数学。

游戏是儿童最好的学习方式和途径,而数学语言却以简练和逻辑为特点。为了把抽象的数学符号变为生动活泼的形象符号,让中年级的学生更乐于接受、更容易掌握,"数海拾趣"将寓教于乐的传统教学理念移植到单调枯燥的数学教学中,让学生在看图朗诵、动手动脑中潜移默化地掌握操作学习法、阅读学习法、迁移类推学习法、发现学习法、尝试学习法等,使其通过饶有兴趣的认知方式轻松掌握所学的知识。

第二部分 课程设计背景

"数学是思维的体操。"作为一门研究数量关系与空间形式的科学,数学不仅具有高度的抽象性、严密的逻辑性,而且具有广泛的应用性。数学以高度智力训练价值为培养发展学生的创造性思维品质提供了极大的空间。

数学是学习现代科学技术必不可少的基础和工具,是基础教育的重要组成部分。数学思维训练,不仅能够使学生掌握渊博的数学知识,也能够使学生有发挥自己特长的用武之地,更重要的是可以训练他们的思维,增强分析问题和解决问题的能力,形成健全人格,具有终身持续发展能力的力量源泉。开展数学思维训练活动,为扩大学生视野、拓宽知识范围、培养兴趣爱好提供了最佳的舞台。

第三部分　课程目标

一、总目标

1. 学生发展总目标

（1）数学思维训练能使学生接触各种类型的数学题,使学到的知识融会贯通,灵活运用。

（2）学生通过解答比平时学习难得多的数学题,培养学生克服困难、解决困难的精神和能力,体会攻克难题后的喜悦和成就感,提高学生学习数学的兴趣和积极性,提高他们的学习质量。

（3）通过数学思维训练,发挥学生的特长,培养学生扎实的数学基本功,培养具有一技之长的学生。

（4）培养学生分析问题、解决问题的能力及创造性思维方法和创造性思维品质,给予学生发挥创新精神和创造力的最大空间。

2. 教师发展总目标

立足于课堂教学实际,阅读数学史,自主探索趣味数学教具的使用方法,积极参加各级趣味数学培训活动,提升自身的数学素养。

二、分级目标

1. 初级课程目标

（1）知识与能力目标:初步了解数学发展史以及著名数学家,对于常见的数学趣题能用自己的方法进行解决,并能用完整的数学语言表述自己的想法。

（2）过程和方法目标:向学生提供丰富的感性材料,通过具体操作手段进行思考、展开想象,培养学生的具体形象思维能力,同时侧重培养学生浓厚的数学学习兴趣。

(3)情感态度价值观目标:通过讲数学家的故事,引导学生认识中华数学文化的丰厚博大,培养学生对学习数学的兴趣,增强民族自尊心和自信心。

2. 中级课程目标

(1)知识与能力目标:能够比较熟练地操作魔方、九连环、七巧板等学具,并在规定时间内快速拆解、安装、复原,培养学生的动手操作能力和记忆能力。

(2)过程和方法目标:通过理解问题情境,借助客观事物留在头脑中的表象,培养学生的表象思维能力,同时侧重培养学生主动探究、尝试发现的能力。

(3)情感态度价值观目标:数学史是我国民族文化中一颗璀璨的明珠,初步感受数学文化的丰厚博大,充分认识数学的价值,增强民族自信心。

3. 高级课程目标

(1)知识与技能:通过引导学生学习数学史,使学生深化对数学的认识,能灵活应用数学知识,丰富美学教育内容,使数学与文学艺术有机地结合起来。

(2)过程与方法:要引导学生运用概念、规则,结合其他相关知识,通过设疑、探索、猜想、验证、应用等途径,培养应用数学知识解决实际问题的能力,同时侧重培养良好的思维品质。

(3)情感态度价值观目标:充分认识数学的艺术价值和实用价值、学习和继承数学的重要意义,培养学生热爱祖国语言文字的情感,增强民族自尊心和自信心。

第四部分　课程内容的选编和课时安排

"数海拾趣"课程以主题式学习为主,本学年度共设33课时。每个主题的学习,都由教师简单引导,结合数学发展过程中一些有趣的问题、曲折感人的事件等,采用集体辅导、独自练习、分组活动、合作学习、实际操作、生活实践、调查研究等方法对数学中一些典型的问题、定理、悖论等进行深入了解和认识,使学生感受数学的魅力。

每个活动主题分"我的研究—交流发现—知识总结—活动评价"四个活动板块。

1. 我的研究

教师引导学生进行研究性学习,使学生初步掌握知识规律。

2. 交流发现

学生将自己的发现、探究、认识成果及时与同学分享交流,并在交流中发现自己的不足,学习他人的长处,取长补短,丰富认识,激发灵感,培养与人交流沟通的能力。

3. 知识总结

教师引导学生对自己获得的信息及活动中的感悟进行归纳,构建属于自己的知识和能力体系。

4. 活动评价

学生对自己的活动情况进行反思,发现问题,总结经验。评价方式体现主体多元化(自评、同学评、家长评、教师评)和形式多样化,激励每个学生的学习兴趣。

第五部分 课程实施原则

一、以培养学生的数学思想为目标

所谓数学思想,是指现实世界的空间形式和数量关系反映到人们的意识之中,经过思维活动而产生的结果。在小学阶段,数学思想主要有符号思想、集合思想、类比思想、分类思想、替换思想、方程与函数思想、数形结合思想、转化思想、统筹及最优化思想、建模思想等。《九年制义务教育全日制小学数学课程标准(试验稿)》提出:"学生通过学习,能够获得适应未来社会生活和进一步发展所必需的重要数学知识以及基本的数学思想方法。"因此,小学针对趣味性数学的教学,应该借助一些学生喜爱的趣数游戏,着重培养学生的数学思想。

二、以发展学生的数学思维能力为基础

思维活动的强弱,决定了一个人的思维品质。而数学思维能力则是指人们从事数学活动时所必需的各种能力的综合,其中数学思维能力是核心。数学教学的核心是促进学生思维的发展,教师必须以发展学生的数学思维为基础,全面揭示数学思维过程,启迪和发展学生的数学思维,将知识发生、发展的过程与学

生学习知识的心理活动结合起来。教师要依据学生的思维特征、认知规律,让学生多动脑、动手、动口,给学生主动进行研究、探索、分析、归纳、推理和判断等数学活动的时空,使其学会数学思维方法,从而发展数学思维能力,为以后的学习奠定坚实的基础。

三、以提高学生的学习兴趣为出发点

兴趣是人对客观事物的一种积极的认识。在数学教学中,兴趣是学生学习的强大动力,教师必须通过多种途径提高学生的学习兴趣,激发他们的学习动机。首先,教师要创造机会让学生感受数学学习的乐趣。其次,可以通过一些生活或数学小故事,让学生感受到数学与生活的密切相关,数学能解决生活中的实际问题,增长人们的智慧,同时让学生领悟到数学的奥妙,体验到成功的喜悦,从而坚定学习的信念。

第六部分　课程教学实施和课程评价

【教学建议】

建议采用教师讲授和学生自学相结合的方式实施教学活动。考虑到大多数学生对趣味数学比较感兴趣,建议每一节课由教师简单引导,结合数学在发展过程中一些有趣的事件、人物等,与学生一起探讨。可采用集体辅导、自主练习、分组活动、合作学习、实际操作、生活实践、调查研究等方法引导学生对数学中一些典型的问题、定理、悖论等进行深入了解和认识,感受数学的魅力。

【课程评价】

小学中年级的学生已经积累了一定的数学知识和学习经验,所以教师不能单纯地以知识点的掌握程度来评价学生。要让学生终身受益,就要使他们获得思想方法的指导和思维品质的提升,养成一种科学精神及态度,因此评价学生的"情感与态度"是首要的。当然,操作能力、实践活动、思维能力、分析问题及解决问题等方面的评价也十分必要,但不能单纯以一张试卷来评价学生。

评价的方法有很多,内容也很广泛。可以由学生自我评价,也可以学生互评,特别是实践操作方面,学生互评其实也是学生合作学习的过程;还可以由家长来评价,评价自己的子女,评价训练的方式、方法和取得的成绩;当然,教师对学生的评价是至关重要的,教师可以通过考勤、考核、课内外的表现、学习的兴趣等多层次、多方位地给予评价。

附:

表1　"数海拾趣"课程计划表

课程名称	数海拾趣	指导教师	王琪
课程目标	(1)结合青岛版数学教材,通过收集和整理民间流传的数学趣题、智力题,挖掘数学学科的人文性,充实数学内容,充分展示并让学生感受数学的独特魅力。 (2)以丰富多彩的形式呈现数学知识、历史、文化、故事等,以通俗的方式向学生介绍,增强数学的可读性。 (3)通过开展寓教于乐的数学活动,充分调动学生的身体感官,激发学生学习数学的兴趣,培养学生自主探索数学知识的能力,让更多的学生喜欢数学、爱上数学。 (4)让学生体会数学与生活的密切联系,增强学好数学的信心,养成用数学思维方式思考的习惯和良好的学习习惯,培养学生的创新意识和实践能力		
课程内容	根据青岛版数学教材的特点,结合学生的能力素质以及当前社会对学生发展的要求,本课程的内容安排主要分为以下三大模块。 1. 掀起你的盖头来——揭盖数学的历史面纱 (1)简单介绍数学的发展史,讲述古今中外数学家们有趣的小故事。 (2)挖掘历史上的数学趣题,领悟先人的思维技巧。 2. 柴米油盐酱醋茶——数学的生活应用 (1)结合生活中的趣事,在生活中应用数学。 (2)做学生常见的数学益智小游戏,探索其中的奥秘。 3. 手脑风暴趣多多——挖掘数学的动手乐趣 (1)介绍常见的魔方、九连环等的操作技巧。 (2)学生动手动脑亲自玩转魔方、九连环		
措施与方法	1. 关于学段 数学学习兴趣受阻更多集中在中年级,一是因为从中年级开始学生接触的数学概念逐渐增多,概念逐渐抽象化;二是从中年级开始数学教学对学生的要求逐渐提高。这个年级段,数学学习开始两极分化。我们要注意及时介入,努力保护好学生的数学学习兴趣。 2. 关于内容 课程内容大体上分三个部分,分别是"历史上的数学""生活中的数学""掌心里的数学"。内容选择的总体设想是根据各年级教学内容来设置,同时加入学生感兴趣的动手动脑益智游戏,既便于补充教学,又能保护好学生学习数学的兴趣。 3. 关于实施 (1)采用小组活动及个人活动,包括组织数学探究活动、数学阅读、数学写作、讲述数学家故事、讲解身边的益智小游戏等形式。 (2)根据教学内容做好必要的资料、资源准备,制订切实可行的教学计划,同时根据具体学情适当调整教学进度,在教学设计中加强预设,课后及时反思。 (3)课堂中及时观察学生的状态,由浅入深一步步带领学生了解新知;制作微课便于学生的课后练习;及时与家长取得联系,沟通学生在学习上的困难,及时调整授课内容		
成果展示	(1)定期通过博客、墙报、手工报等展示学生的学习心得或活动成果。 (2)结合学校活动,进行一系列数学知识竞答活动。 (3)学生玩数学模具,并录制成小视频公开展示		

表2 "数海拾趣"学期教学进度安排表

周次	内容
2	历史上的数学——数学发展史介绍
3	历史上的数学——数学诗歌鉴赏
4	生活中的数学——数独知识介绍（上）
5	生活中的数学——数独知识介绍（下）
6	生活中的数学——神奇的莫比乌斯带
7	生活中的数学——只赢不输的游戏
8	生活中的数学——扑克牌里的"24点"
9	掌心里的数学——魔方知识讲解及基本旋转技巧
10	掌心里的数学——玩转三阶魔方（底面归位）
11	掌心里的数学——玩转三阶魔方（第二层归位）
12	掌心里的数学——玩转三阶魔方（全部归位）
13	掌心里的数学——九连环知识讲解及基本拆解技巧
14	掌心里的数学——九连环拆解（上）
15	掌心里的数学——九连环拆解（下）
16	知识竞答，成果展示

表3 "数海拾趣"课程评价表

周次	2	3	4	5	6	7	8	9	10	11	12	13	14	15	16
出勤															
动脑能力															
动手能力															
表达能力															
综合评价															

"英文绘本"课程实施纲要

青岛燕儿岛路第一小学 郭 鹂

课程名称:英文绘本

授课对象:五、六年级学生

第一部分 前言

近年来,我国的英语教育规模不断扩大,教育教学取得了显著的成就。然而,英语教育的现状尚不能适应我国经济建设和社会发展的需要,与时代发展的要求还存在差距。学校在小学阶段实施的英语课程强调从学生的学习兴趣、生活经验和认知水平出发,倡导体验、实践、参与、合作与交流的学习方式和任务型教学途径,发展学生的综合语言运用能力,使语言学习的过程成为学生形成积极的情感态度、主动思维和自主学习能力的过程。儿童英文绘本是适合低龄儿童看的,图画较多、字较少的一种书。

第二部分 课程设计背景

小学语言学习可采用听、说、读等方法。听和读是输入,说是输出,但需达到一定的输入量,才能保证更好的输出,从而高效率地完成语言学习的目标。英语学习需要不断复现,需要大量的输入来强化听、说的语言材料并加以拓展。简单机械的复现和输入会使学生失去学习的兴趣,只有将所学的知识放到生活的情境中,放到新的阅读活动中才能吸引学生,使学生保持持久的学习兴趣。现行小学教材,阅读材料比较单一,很难满足学生大量阅读的需要,且多是"理想化"的语言材料,与现实生活中以交流为目的的真实语言材料有一定的距离。在小学英语教学中,让英语阅读成为一件令人愉快的事,让学生主动参与学习也是本课程研究的重要方面。

第三部分 课程目标

一、总目标

(1)注意激发和培养学生学习英语的兴趣,使学生树立自信心,养成良好的学习习惯,形成有效的学习策略,发展自主学习的能力和合作精神。

（2）使学生掌握一定的英语基础知识和听、说技能,形成一定的综合语言运用能力,在此基础上强化口语技能。

（3）培养学生的观察、记忆、思维、想象能力和创新精神。

（4）帮助学生初步了解中西方文化的差异,拓宽视野,为学生下一阶段的学习打好扎实的基础。

二、分级目标

1. 激发阅读兴趣

教师和家长首先要考虑的是怎样才能把学生的注意力吸引到阅读上来,怎样培养学生的阅读兴趣和习惯,让学生爱读书,快乐地读书。而绘本恰恰符合学生的思维特点,能激发学生的阅读兴趣。从人类的发展史看,图画语言早于文字语言,它比文字符号更加直观,更符合儿童形象性思维的特点。在小学低段,学生的思维是一种具体形象性的思维,是一种表象的思维,而绘本以画为主,字少但画面丰富,以画传达故事情节,比纯文本更能激发学生的兴趣,也更符合儿童早期阅读的特点和习惯。在绘本中,儿童文学作家使用孩子可以理解的词汇、熟悉的语句结构,将主题巧妙涵盖,汇聚成结构完整、内容丰富的故事,提高了孩子的语文阅读能力。

2. 培养思维能力

绘本能激发学生的想象力,有利于学生创造力的培养。任何人都不是生来就具有丰富想象力的,想象力是通过直接、间接的体验获得的,体验越丰富,想象力也越丰富,而绘本就为学生提供了丰富体验的机会。绘本故事跨越国界,穿越各种文化背景。通过文字与画面,学生得以进入不同的世界,接收丰富的信息,伸出想象的触角,让创造力无限扩大。绘本还会预留给学生许多想象的空间,让学生根据绘本的整体意境,对故事情节展开丰富的联想,有利于学生思维能力的培养。

3. 提升综合素养

绘本中的图画部分大多颜色多彩,画面优美,让学生在阅读的同时也受到了美的熏陶。每一本绘本都有其主旨,或团结互助,或关爱他人,或勇敢顽强,或坚持不懈,或正视自己,或肯定别人……在阅读的过程中,学生的情感受到陶冶,精神得以引领,人格得以塑造,综合素养在潜移默化中将得到提升。

三、学期目标

让学生在阅读的过程中感受读书的乐趣,爱上读书,能够体会书中的情感,并为学生的纯文字阅读打好基础。

第四部分 课程内容和课时安排

本课程的内容贴近学生的日常生活,体现实用性和交际性,切实服务于年级教学目标与任务。以五、六年级学生为主要实施对象,每周安排一次课程,本学期共 14 课时。

第五部分 课程实施原则

以提高学生的英语综合运用能力为宗旨,以提高学生的学习英语兴趣为目的,培养学生的合作与创新精神。

1. 有效性原则

在科学技术迅速发展的信息时代,知识体系不断更新。本课程教学内容大多是与学生生活息息相关的内容。

2. 趣味性原则

校本课程的开发必须充分考虑学生的兴趣和需要,这是校本课程的出发点。同时,课程的内容应是学生能接受和理解的知识,且健康、积极、向上。

3. 应用性原则

课程内容要有助于培养学生正确的世界观和人生观,要有利于培养学生的创新意识和思维能力,要有助于培养学生解决现实问题的能力。

第六部分 课程教学实施和课程评价

课程实施是有效利用课程资源实现课程价值的关键环节。鉴于小学生的认知特点,学校"英文绘本"阅读课程以多样化、互动性强的活动为主来实施,如师生讨论确定主题、合作自主创编、泛读、同伴互助、读者剧场、赏析沙龙、制作读书小报、二次创编绘本等。

附:

表1 "英文绘本"课程计划表

课程名称	英文绘本		指导教师	郭鹂
上课时间	每周四第三时段		上课地点	5.3教室
课程目标	（1）注意激发和培养学生学习英语的兴趣，使学生树立自信心，养成良好的学习习惯，形成有效的学习策略，发展自主学习的能力和合作精神。 （2）使学生掌握一定的英语基础知识和听、说技能，形成一定的综合运用语言的能力，在此基础上强化口语技能。 （3）培养学生的观察、记忆、思维、想象能力和创新精神。 （4）帮助学生初步了解中西方文化的差异，拓宽视野，为学生进一步学习打好扎实的基础			
课程内容	根据学生的兴趣爱好选择适当的话题进行创作前讨论，援引适当主题的绘本进行主题阅读与交流。创作前期学生必须确定创作方案和绘本风格，并在此基础上创作绘本			
措施与方法	以五、六年级学生为主要实施对象，每周安排一次英文绘本课程，本学期共14课时。授课时，教师根据学生的年龄特点穿插介绍绘本的起源及发展，提高学生的英语综合运用能力，培养学生的合作与创新精神			
成果展示	本学期，学生能制作三到四本绘本。其中，至少两本为原创，绘本形式不少于两种；能运用图画表达连续的故事情节，表现动态思维；进行绘本发布活动			

表2 "英文绘本"学期教学进度安排表

周次	内容
4	英文绘本制作入门
5	六页书的简单——绘本题材的类型及绘本的目的与意图交流
7	六页书的简单——绘本内容创作
8	六页书的简单——绘本制作
9	翻翻书的游戏——绘本题材的类型及绘本的目的与意图交流
10	翻翻书的游戏——绘本内容创作
11	翻翻书的游戏——绘本制作
12	手卷书之美——绘本题材的类型及绘本的目的与意图交流
13	手卷书之美——绘本内容创作
14	手卷书之美——绘本制作
15	手工绘本的装饰
16	新书发布会
17	绘本阅读与漂流

表3 "英文绘本"课程评价表

周次	2	3	4	5	6	7	8	9	10	11	12	13	14	15	16
出勤															
动脑能力															
动手能力															
表达能力															
综合评价															

"艺趣彩绘"课程实施纲要

青岛燕儿岛路第一小学 张婷婷

课程名称:艺趣彩绘

授课对象:三至五年级学生

第一部分 前言

《义务教育艺术课程标准(2022版)》提出:"通过学习美术,丰富学生的视觉、触觉;发展学生的空间思维和动手能力;激发学生的创造精神以及美术的实践能力,达到能用美术来表达自己的情感和思想,从而提高学生的审美能力,完善人格。"在大力提倡素质教育的今天,人们越来越深刻地认识到美术教育在提高与完善人的素质方面所具有的独特作用。

第二部分 课程设计背景

现代社会科学技术的高速发展,需要人具有丰富而高尚的情感以与之平衡。因为情感性是美术学科的基本品质,也是美术学习活动的基本特征,所以美术课程能陶冶学生的情操,提高学生的审美能力,增强学生对自然和生活的热爱及责任感,并培养他们尊重和保护自然环境的态度以及创造美好生活的愿望与能力。

"艺趣彩绘"课程内容包含创意线描、蜡彩画、创意彩铅、版画四个绘画种类的学习,其目的是通过对四种创意绘画的学习与探究,引导学生在具体情境中探究与发现,找到不同知识之间的关联,发展综合绘画能力;学会运用美术的方法,将创意转化为具体成果;训练学生的观察能力、造型能力、表现能力,培养学生的审美能力和对艺术的热爱,从而达到怡情的目的。

第三部分 课程目标

一、总目标

1. 学生发展目标

以"人的发展"为核心,发展学生的个性特长,提高学生审美能力的同时培养其实践、创新等综合能力,陶冶情操。

2. 教师发展目标

在学校特色课程的探索与研究过程中,教师有思考,有实践,有研究,有反思,从而改变教学行为,使自己真正成为学生学习的参与者、引导者和合作者。

二、分级目标

1. 知识与能力目标

引导学生循序渐进地学习创意线描、蜡彩画、创意彩铅、版画的基本知识和工具材料的使用方法,并能创作出一批满意的作品。认识和理解线条、颜色、明暗、空间、材质等基本造型要素,能运用对称与均衡、节奏与韵律、对比与和谐、变化与统一等基本组织方式进行造型活动,激发学生的想象力和创新意识。

2. 过程和方法目标

通过对各种美术材料、技巧的操作和探索,发展学生的艺术感知能力和造型表现能力。

3. 情感态度价值观目标

引导学生体验造型活动的乐趣,产生对美术学习的持久兴趣。激发创造精神,陶冶审美情操,完善人格。

第四部分 课程内容的选编和课时安排

艺术源于生活,艺术是从现实生活中提炼出来的,浩瀚的大千世界为我们的艺术创作提供了很好的资源,因此,我们可以利用大自然激发学生无限的想象和创造力,描绘出美好的世界,以此来提高他们的观察能力、审美能力、表现能力、想象能力和创造能力。

为了更好地激发学生的学习兴趣,挖掘学生的潜能,培养学生的创新精神和实践能力,全面提高学生的美术素养,本课程根据学生的年龄特点,精选学生感兴趣并且与学生生活比较贴近的内容。"艺趣彩绘"课程通过创意线描、蜡彩画、创意彩铅、版画四种美术表现形式,引导学生在不同的介质上作画,拓宽学生的创作思路,提高学生的美术素养。每个课题2课时。

第五部分　课程实施原则

一、趣味性原则——注重儿童兴趣,满足学生发展要求

兴趣是学生学习的重要动力,学校特色课程的开发应注重趣味性。不论是选择的内容还是课程的实施方式都应有所创新,形式应更丰富多样,从而使学生产生学习兴趣。另外,小学生的心智发展变化往往和美术学习的兴趣有密切联系。低年级学生以形象思维为主,对美术活动有浓厚兴趣;中高年级则开始进行思维的分化,对符号的象征意义和抽象思维产生兴趣。在开发特色课程的过程中应针对不同的年级开发不同的课程,采用不同的实施方式。

二、社会性原则——与当地的社会、经济、生活相结合

《义务教育艺术课程标准(2022版)》指出,应"尽可能运用自然环境资源(如自然景观、自然材料等)以及校园和社会生活中的环境(如活动、事件和环境等)进行美术教学,使学生养成关注社会、学会欣赏的习惯"。学校特色课程的开发应与当地的社会环境、条件相适应,并提供多种课程实施途径。同时,当地的环境、条件对学生来说是非常熟悉的,可以提高他们参与的积极性。另外,当地一些广场、风景区、美术馆等为学生提供了美术活动的场所,提高了他们美术创作的水平和鉴赏能力,并进一步提高了他们学习美术的兴趣。

三、综合性原则——利用多媒体渠道进行美术活动

把当地的文化资源、优秀的艺术作品、网络资源纳入学校特色课程中。这些资源不仅涉及美术的造型、色彩、材料等内容,还有相关的历史和文化背景,有的

还涉及民俗、地理等方面。这正好符合美术课程改革的一个重要趋势——综合性。

第六部分　课程教学实施和课程评价

一、课程教学实施

1. 以激发学生学习美术的兴趣为动力

"兴趣是最好的老师",因此,教师应把美术特有的艺术魅力发掘出来,对课程内容和教学方式进行选择,从而激发学生的学习兴趣,并使这种兴趣转化成持久的动力。同时,教师应将美术课程内容与学生的生活经验紧密联系在一起,使学生在实际生活中领悟美术的独特价值,使学生通过学习、训练掌握正确的观察方法,提高造型表现能力、审美能力、创新性思维能力。

2. 以使学生形成基本的美术素养为目的

（1）在训练学生绘画技能的同时,培养学生的欣赏水平。要给学生更多的直观感受,教师应精心搜集富有代表性的图片供学生欣赏。欣赏是美育的重要途径,通过轻松、愉快的欣赏,学生在感悟中体验,在再创作中得到绘画技能的提高与情感智慧的熏陶。

（2）在学习过程中注意拓宽学生的知识面,扩大学生的视野,了解一些自然科学知识。美术课不仅仅要教会学生画画,更要通过美术活动培养学生的观察力、造型能力、记忆力、想象力和创造力,使学生在绘画中尽情地想象、自由地表达,进而培养学生的审美情趣和艺术修养。

3. 营造良好的学习氛围

（1）严格考勤制度,养成守时的好习惯。
（2）养成作画认真仔细的习惯。
（3）在活动中,养成以大带小、互助交流的学习风气。

4. 教学方法

遵循关注成长、以学定教的原则,采用多种教学方法,如欣赏评述法、比较观察法、讲解启发法、谈话交流法、思维发散法、绘画实践、个别指导等。

二、课程评价

1. 让学生成为评价的主体

让学生通过自评、互评成为评价的主体,增强学生自我反思、自我评价的能力。

2. 注重形成性评价

评价的目的是使学生更好地发展,要对学生进行多元评价,并注意评价的正面激励作用。新课程评价关注学生的全面发展,不仅关注学生知识和技能的获取情况,更关注学生学习的过程、方法,以及相应的情感、态度和价值观等方面的发展。因此在进行评价时,教师不要单单以自己的喜好要求学生,要从学生的实际情况出发,看到其进步,让每一个学生都有成就感。

3. 注重评价方法的多样性和灵活性

教师应根据学生的年龄特征和学习风格的差异采取适当的评价方式。美术课程评价应综合考虑学生的态度、作画的习惯、创作的思想内容等方面。

附:

表1 "艺趣彩绘"课程计划表

课程名称	艺趣彩绘		指导教师	张婷婷
上课时间	每周四下午第三时段		上课地点	录播教室
课程目标	本学期以创意彩铅活动为主,为一部分有兴趣的学生提供展示才艺的机会和空间,使他们的一技之长得到充分展示,并以点带面繁荣全校的美术活动;使学生进一步了解美术的基本知识,提高学生的欣赏水平及创造能力			
课程内容	(1)认识和了解彩色铅笔的特点,了解彩色铅笔的基本绘画技法。 (2)初步了解素描知识,学习简单的素描关系。用彩铅进行创作,并加以大胆的创意,让学生更多地了解绘画的魅力。 (3)给学生创作的时间和空间,画出高质量的彩铅作品			
措施与方法	(1)做好组织工作,安排好活动时间和活动地点。 (2)教育学生自觉遵守学习纪律,准时参加学习;明确学习目的,培养勤奋好学、积极进取的精神,促进学生的全面发展			
成果展示	每个学生选取一幅优秀作品在学期末进行展示,激发学生的学习兴趣			

表2 "艺趣彩绘"课程学期教学进度安排表

周次	内容
1	画出柔美的色块 1
2	画出柔美的色块 2
3	画西瓜 1
4	画西瓜 2
5	画菊花 1
6	画菊花 2
7	学画木槿花 1
8	学画木槿花 2
9	学画格桑花 1
10	学画格桑花 2
11	粉色木槿花 1
12	粉色木槿花 2
13	蓝色的雏菊 1
14	蓝色的雏菊 2

表3 "艺趣彩绘"课程评价表

周次	2	3	4	5	6	7	8	9	10	11	12	13	14	15	16
出勤															
动脑能力															
动手能力															
表达能力															
综合评价															

"科创探秘"课程实施纲要

课程名称:科创探秘
授课对象:五、六年级学生

第一部分 前言

学生是学习的主人,只有充分发挥其主动性,才能真正实现学习的价值。因而,教师要使学生得到最完全的发展,必须在"新"上下功夫。理念要新,将促进学生主动发展作为主动脉,关注学生的情感、态度、价值观;方法要新,将自主合作探索引入课堂,激活课堂生命力;课堂要新,将以往的小课堂引入大社会,注重过程性评价,引导学生明了生活处处皆学问,学会关注生活,关注课余的点点滴滴。

第二部分 课程设计背景

以"身边随处可见、生活触手可摸、探究随时随地"的生活中的机械为切入点,通过生活实践、实验测量让学生探究机械的基本工作原理,认识斜面、杠杆、滑轮、齿轮等机械的作用,了解机械在生活中的应用。

第三部分 课程目标

一、熟悉学生,学生分层,目标分层

学生学习科学课的热情较高,爱动脑,爱观察,爱实验,但由于年龄特点,他们还不能从事较为独立、完整的科学探究活动,有待于教师进一步指导。部分学生好动,不能在探究过程中掌握知识。总体来看,学生的口头表达和观察能力有较好的基础。科学探究能力的形成依赖学生的学习和探究活动,必须紧密结合科学知识的学习,通过动脑动手实践,在感知、体验的基础上,内化形成。

二、分层施教,注重过程评价

为促进每个学生在原有的基础上得到发展,课程应立足学生个性差异,满足

学生个别学习需要,同时激励学生合作,互教互学互评。对于 A 层学生,要注意发挥其优势,在完成自身学习任务的同时,协助教师组织与帮助其他同学练习。对于 B 层学生,应加强全面指导,提出相应的教学要求,激发其兴趣,发挥其潜力。对于 C 层学生,应加倍关注,有的放矢地因材施教,使他们在原有基础上有所提高。

第四部分　课程内容的选编和课时安排

以"身边随处可见、生活触手可摸、探究随时随地"的生活中的机械为切入点,通过生活实践、实验测量,让学生探究简单机械的基本工作原理,认识斜面、杠杆、滑轮、齿轮等机械的作用,了解简单机械在生活中的应用。

第五部分　课程实施原则

通过活动使学生亲身经历科学探究,从而加深对科学探究、科学学习的理解。解释与模型是六年级集中训练的过程与方法,要结合具体学习内容,在探究过程中有意识地强化解释与模型的训练。在教学中要调动学生的学习积极性,根据学生特点,让学生查一查、画一画、读一读、说一说、想一想、做一做,多种感官并用,吸引学生的注意力,培养学生动手、动口、动脑的能力。

第六部分　课程教学实施和课程评价

一、关注学生参与的自主性

要发挥学生的自主性,就要让学生参与,让学生在活动中把感受到的、观察到的、想象到的用语言归纳出来,然后在合作、协调、讨论及教师的引导下做出正确的判断。

二、激发学生的参与兴趣

"兴趣是最好的老师。"课程要选择贴近学生日常生活、符合学生兴趣和需要的学习内容,尤其是要有利于培养学生发现问题、解决问题的能力。这样,更有利于发展学生的探究能力,从而使学生的知识、能力、情感态度价值观得到全面发展。

三、丰富学生参与的方式

要丰富学生参与的方式,打破传统的教学形式,创设开放性课堂。如在教学中引导学生自主学习,用多种感官去观察体验感悟,并在教师的指导下,勤于动手动脑,仔细观察,获得新的科学理念。有的学习内容实践性非常强,需要的时间也比较长,因此,教学过程不能仅仅在课堂上,教师需要提前布置学习任务,让学生搜集材料、合作探究,从中获取知识。这个探究的过程在课外,因此教师的指导更要及时、准确,这样才更有利于学生的探究活动。

四、关注学生的参与过程

在课堂教学中,教师要关注学生在参与过程中所表现的质疑精神,从无疑到有疑,小疑则小进,大疑则大进。要让学生带着问题走进课堂,带着问题走出课堂。要让课堂教学中生成的问题推动课堂教学过程。在学生参与过程中,教师要精心设置问题,合理安排,解疑、质疑,让学生的参与既是意料之外,又是情理之中。

五、让学生体验参与的快乐

学生是好奇的,是好动的,在参与过程中,他们能体验到学习和参与的快乐。

附:

表1　"科创探秘"课程计划表

课程名称	科创探秘	指导教师	王磊
上课时间	每周四下午3:20-3:50	上课地点	6.4教室
课程目标	在内容的选编上,力求贴近学生、贴近实际、贴近生活,瞄准现代科学技术的发展;在探究能力培养上,注重让学生经历"提出问题—猜想与假设—设计方案—实验验证—获得结论—表达与交流—产生新问题"的科学探究过程;在教学目标达成上,通过设计有探究意义的系列活动,提升学生的科学素养,实现科学探究、情感态度价值观和科学知识的有机整合		
课程内容	以"身边随处可见、生活触手可摸、探究随时随地"的生活中的机械为切入点,通过生活实践、实验测量,让学生探究简单机械的基本工作原理,认识斜面、杠杆、滑轮、齿轮等机械的作用,了解简单机械在生活中的应用		

课程名称	科创探秘	指导教师	王磊
措施与方法	学生是学习的主人,只有充分发挥其主动性,才能真正实现学习的价值。因而,教师要使学生得到最完全的发展,必须在"新"上下功夫。理念要新,将促进学生主动发展作为主动脉,关注学生的情感、态度、价值观;方法要新,将自主合作探索引入课堂,激活课堂生命力;课堂要新,将以往的小课堂引入大社会,注重过程性评价,引导学生明了生活处处皆学问,学会关注生活,关注课余的点点滴滴		
成果展示	动力机械模型;工作原理讲解及生活中的应用介绍		

表2 "科创探秘"学期教学进度安排表

周次	内容
1	强调纪律,提出要求,简单动力机械认知
2	动力机械1——斜拉桥
3	动力机械2——天平
4	动力机械3——扳手
5	动力机械4——水泵
6	动力机械5——缆车
7	动力机械6- 传动齿轮
8	动力机械7——三轮车
9	动力机械8——风车
10	动力机械9——水车
11	动力机械10——手摇电钻

表3 "科创探秘"课程评价表

周次	1	2	3	4	5	6	7	8	9	10	11	12
出勤情况												
完成作业												
获奖情况												
综合评价												

"相约手语"课程实施纲要

青岛燕儿岛路第一小学 雷双歌

课程名称:相约手语

授课对象:三至五年级学生

第一部分 前言

手语用手势比量动作,根据手势的变化模拟形象或者音节以构成一定意思,是听力障碍人士交际和交流思想的一种语言,是"有声语言的重要辅助工具"。

第二部分 课程设计背景

小学生爱动、爱跳,模仿能力特别强。手语是以人体为工具,通过人体动作表达一定思想感情的动态艺术。手语教育对学生的智力发展、道德养成、意志品质的培养、身体素质的提高、审美能力的培养等具有学科知识教育所无法代替的积极作用。

第三部分 课程目标

一、总目标

(1)通过学习手语充分了解手语的作用。熟练掌握手语的常用词汇。进一步了解手语的特点。在手语训练中锻炼肢体的协调性,培养学生的优美体态和审美情趣。

(2)掌握初级常用手语知识,在此基础上学会灵活运用词语来拼组常用句子。

(3)通过手语教学,培养学生良好的道德情操,培养审美能力;通过让学生手、口、脑并用,开发学生的智力,培养学生的注意力,提高学生的观察力和语言表达能力;手语与音乐整合,学习手语歌曲,提升学生对手语的学习兴趣。

二、分级目标

1. 初级课程目标

(1)知识与能力目标:了解手语的作用和基本常识,学习初级基础拼音、数字手语打法,学会固定打法的名字。

（2）过程和方法目标:初步学习数字和拼音的打法,并尝试运用于上课点名中,巩固记忆所学手语知识。

（3）情感态度价值观目标:通过学习手语的基础打法,引导学生初步产生学习手语的兴趣,并与生活实际相结合,利用手语表达日常语言,感受手语语言的魅力。

2. 中级课程目标

（1）知识与能力目标:学习手语常用词汇,能够拼组简单句子,并能灵活用于日常生活中。

（2）过程和方法目标:采用教师指导、编词成句段相结合的方法,引导学生联系生活经验进行词汇记忆;锻炼学生手、口、脑并用,让学生边说边打手语边记忆词汇;灵活运用词组拼接成常用句子;增加手语词汇量。

（3）情感态度价值观目标:通过记忆常用词汇,灵活运用词汇组成句子,使学生多器官协调共用锻炼身体协调性;让学生对手语学习有成就感,培养学生热爱手语,愿意表达自我的情感。

3. 高级课程目标

（1）知识与能力目标:学习手语舞蹈。

（2）过程和方法目标:扩充手语词汇;将手语与音乐结合,通过教师的讲解、教授,能跟随音乐动作整齐到位、完整地表演手语舞。

（3）情感态度价值观目标:通过学习手语舞蹈,引导学生感受手语不仅是一种交流方式,更是一种语言表达方式,培养学生对学习手语的兴趣,培养对祖国语言的情感,增强民族自尊心和自信心。

第四部分　课程内容的选编和课时安排

"相约手语"课程以三至五年级学生为主要实施对象,每学期 16 课时。教学内容分为手语基本知识、手语常用词汇、手语舞蹈三个主要部分,授课时根据学生年龄特点穿插手语自我介绍、手语小故事和手语表演等实践活动。

第五部分　课程实施原则

手语课程不同于一般的学科课程,它更注重学生的兴趣、认知水平,因而在设置上更应有一定的针对性与实践性。我们遵循由浅入深、循序渐进的原则,做到每个阶段形式上有变化,避免千篇一律的程式化模式。

一、有效性原则

在课程实施过程中我们要通过以下方式保障教学的有效性。

(一)联想记忆

教师可以在手语教学中结合手语姿势联系生活实际经验教给学生记忆手语词汇的方法,激发学生的学习兴趣。

(二)分类记忆

在常见手语词汇教学中,教师根据词语的意思进行分类,让学生学习手语时能够进行分类记忆。

(三)捕捉词汇

教师可以播放手语视频,让学生在观看视频时捕捉词汇记忆,看谁记得多,这样既能提升学生的观察力和注意力,又印象深、记得牢。

(四)手语表演

结合学生喜欢的歌曲,将手语与音乐整合,并以表演的方式进行展示,提升学生的学习兴趣。

二、发展性原则

手语词汇都是从生活中来的,很多词语相近的词都用一种手势表现。如此,学生不只是掌握一些基本词汇,还能够通过旧词组新词、词语组句子等方式进行更多的表达,让语言灵活运用。

三、因材施教原则

手语教学面向的学生来自不同年级,他们学习手语的能力各不相同,了解学员特点是因材施教的基础。教师应当针对每个学生的特点,有目的地因材施教。

对学习能力强的学生,要激励他们积极进行思考、勇于回答问题和进行争辩。对能力较强而态度马虎的学生,要给他们难度较大的作业,培养他们精益求精的求知习惯。对缺乏自信的学生,要鼓励他们大胆展示自己,引导他们主动与老师互动,培养其积极自信的学习精神。对注意力不集中的学生,要抓住他们兴趣时段,加大手语信息的注入,同时,用视频捕捉词汇法等方法引导他们的学习兴趣更多地停留在课堂上。

第六部分　课程教学实施和课程评价

一、课程教学实施

手语教学以教师示范为主,辅以看图、看视频。教师要直观示范手语,结合生活实际进行联想记忆,精讲多练,讲练结合。在教学中,教师通过图片、视频对容易混淆的词汇进行对比,通过反复讲解和联系词语本意、生活经验进行区分记忆。能力强的孩子可以将词汇放入简单句子中整体记忆。最后通过"你比画我猜猜"等小游戏进行记忆巩固。

课堂上可以应用先进的现代教育技术手段,改变传统的课堂教学模式和教学方法,运用图片、视频等多媒体资料进行生动具体的手语展示,让学生更直观地学习手语。教师还可以找一些有节奏的韵律歌做背景音乐,让学生跟随韵律做出拼音、数字等基础手语动作,加深记忆。

通过手语教学,教师带领学生初步进入手语世界,掌握简单的手语知识,学习手语诗词和歌曲,感受手语的魅力。

二、课程评价

在小学手语教学过程中,教师应该针对学生的点滴进步及时进行表扬和鼓励,让他们感受到成功的喜悦,从而激发他们学习手语的兴趣,使学生潜在的手语能力得到最大限度的发挥。因此教师可以根据日常表现和期末手语挑战赛的表现评价学生,切实促进学生的全面发展。

附：

表1　"相约手语"课程计划表

课程名称	相约手语	指导教师	雷双歌
上课时间	每周四下午第三时段	上课地点	3.4教室
课程目标	(1)通过学习手语充分了解手语的作用。熟练掌握手语的常用词汇。进一步了解手语的特点。在手语训练中锻炼肢体的协调性，培养优美体态和审美情趣。 (2)掌握初级常用手语知识，在此基础上学会灵活运用词语来拼组常用句子。 (3)通过手语教学，培养学生良好的道德情操，培养审美能力；通过让学生手、口、脑并用，开发学生的智力，培养学生的注意力，提高学生的观察力和语言表达能力。手语与音乐整合，学习手语歌曲，提升学生对手语的学习兴趣		
课程内容	课程以自主开发的手语教学为主。以三至五年级学生为主要实施对象，每周安排一次手语课程，每学期16课时。教学内容分为手语基本知识、手语常用词汇、手语舞蹈三部分，在授课时根据学生年龄特点插入手语自我介绍、手语小故事和手语表演等实践活动		
措施与方法	手语教学以教师示范为主，辅以看图、看视频。教师要直观示范手语，结合生活实际引导学生进行联想记忆，精讲多练，讲练结合		
成果展示	(1)挑战级别1:用手语进行自我介绍 (2)挑战级别2:用手语表示拼音、数字 (3)挑战级别3:个人表演《千字文》手语 (4)挑战级别4:全班集体表演手语歌曲《仰望星空》		

表2　"相约手语"学期教学进度安排表

周次	内容
1	手语的背景介绍、手语基本知识、手语作品欣赏
2	手语基本知识之数字的打法(一)
3	手语基本知识之拼音的打法(一)
4	手语舞蹈欣赏
5	手语基本知识之名字的打法及复习所学知识
6	千字文手语学习(一)
7	手语舞蹈欣赏
8	手语基本知识之数字的打法(二)
9	手语基本知识之拼音的打法(二)
10	千字文手语学习(二)
11	手语基本知识之名字的打法及复习所学知识
12	手语舞蹈《仰望星空》学习(一)

续表

周次	内容
13	手语基本知识、手语作品欣赏
14	手语基本知识之数字的打法(三)
15	手语基本知识之拼音的打法(三)
16	手语舞蹈《仰望星空》学习(二)
17	手语基本知识之名字的打法及复习所学知识
18	欣赏听障等残疾人物励志电影
19	手语挑战赛+班级手语表演展示

表3 "相约手语"学生综合评价表

评价类别	评价指标	星级指数
出勤	根据整个学期学生出勤情况进行评价	☆☆☆☆☆
基础词汇	老师随机抽选基础词汇,学生能够用手语表达出来,动作规范、反应迅速即得满分	☆☆☆☆☆
句子表达	先用手语进行自我介绍,然后两人一组相互出题,学生能够把对方说出的话用手语表达出来,动作规范、反应迅速即可满分	☆☆☆☆☆
手语表演(选做加分)	任选一首歌曲或一段话,用手语正确表达出歌词或段落意思,整体表现完整、动作美观者表扬加分	☆☆☆☆☆
综合评价		

"光影赏析"课程实施纲要

青岛燕儿岛路第一小学 刘 娜

课程名称:光影赏析

授课对象:五、六年级学生

第一部分 前言

影视网络对学生学习有一定的影响。首先,影视网络的全球性和多元化有利于学生知识面的拓展。其次,影视网络的综合性和交互性有利于学生人际交往能力的提升。第三,影视网络的开放性和随意化有利于学生想象力、创新思维的发展。第四,影视网络的虚拟性和自由度激发了学生自身的主体性和创造性。更重要的一点是影视网络的直观性、教育性有利于一些教学目标的达成。

第二部分　课程设计背景

电影艺术对大多数学生来说还是一个"熟悉的陌生人",一般来说,它的直观性不难使人了解它的表层的思想内容和获得直觉而肤浅的审美感觉,但要把握每部影片的深层意蕴和艺术真谛,却需要一定的影视艺术鉴赏能力。这也成为学生人文素质教育的重要组成部分。本课程主要讲授电影艺术理论、知识以及电影艺术鉴赏的相关理论,并结合中外优秀影片的观摩,让学生感受电影艺术的魅力,提高审美能力。

影视是学生喜欢的媒体,是学生学习知识、休闲娱乐的方式,也是传播文化最有效的媒体之一。将影视艺术引进教育,可以让我们的教学资源更加丰富,同时可以推进学校的课程改革,还可为学生提供有针对性、实效性和主动性的德育素材。

第三部分　课程目标

一、总目标

通过精心选取影片,介绍影片的故事背景、创作情况、主题人物等,欣赏经典台词,分析影片的镜头语言,评析影片所表达的中心思想等环节,使学生掌握分析电影的方法,分别从电影镜头、后期剪辑、创作背景、叙事技巧等角度对作品进行深度分析。增强学生欣赏电影的能力和水平,加深他们对电影的了解,培养学生的审美情趣,开拓学生的视野,提高学生的文化艺术修养。

二、分级目标

1. 知识目标

通过对经典影视作品的欣赏和评价,使学生了解电影的发展过程,了解影视艺术的基本特征,学会对影视艺术进行鉴赏与评价。

2. 能力目标

(1)了解什么是影视欣赏。

（2）学习欣赏影视作品的角度（时间维度、空间维度、技术层面、美学层面）。

3. 素质目标

通过影视作品赏析，提高学生对影视作品的感受力、鉴赏力、创造力，提高学生的审美能力。培养学生的抽象思维能力和形象思维能力，激发学生的创新意识和创新欲望，从而达到提高学生综合文化素养的目的。

第四部分　课程内容的选编和课时安排

本课程分为电影的诞生和发展、影视艺术的语言、影视艺术欣赏和评论等内容，共 13 个课时。

第五部分　课程实施原则

依据学校办学理念，促进学生主动地发展。

第六部分　课程教学实施和课程评价

一、课程教学实施

（1）教学方法上，理论讲授与作品分析相结合，以作品欣赏和作品分析为主，对一些重要作品采用案例教学的方法进行深入分析，组织学生进行讨论，得出结论。

（2）在影片欣赏过程中设计了作品介绍、精彩片段、欣赏探究、资料链接四个环节，以精彩片段和欣赏探究为重点，也可根据具体情况对这四个环节进行适当调整。

（3）经典作品可安排学生课堂讨论，对其思想内涵和艺术特色各抒己见。

（4）影视欣赏以分析主题、人物和艺术手法为主。

（5）充分发挥多媒体的作用，从声、光、色各个方面强化欣赏效果。

二、评价方式

根据新课程标准所要求的评价方式，选修课程要突破刻板传统的评价方式，注重选修课程自身的特点和要求，因课制宜地选择合适的评价方式。要密切联系学生实际，倡导多样的评价方式，注重发展性的评价。

1. 书面测试（60%）

（1）平时作业（20%）。

① 学生需在课上观看电影,并任选一部电影写影评,不少于 500 字,文体不限。

② 课后选取影视片段,就镜头特点写一篇议论文,300 字左右。

(2)考查作业(40%)。

① 学生观看影片并展开讨论。

② 学生做小讲师,讲解电影的语言。

2.过程性评价(40%)

(1)上课出勤情况、完成作业情况、课堂表现。

(2)自我评价、小组评价、家长反馈表。

附:

表1 "光影赏析"课程计划表

课程名称	光影赏析	指导教师	刘娜
上课时间	每周四第三时段	上课地点	6.3教室
课程目标	通过精心选取影片,介绍影片的故事背景、创作情况、主题人物等,欣赏经典台词,分析影片的镜头语言,评析影片所表达的中心思想等环节,使学生掌握分析电影的方法:分别从电影镜头、后期剪辑、创作背景、叙事技巧等角度对作品进行深度分析。增强学生欣赏电影的能力和水平,加深他们对电影的了解,培养学生的审美情趣,开拓学生的视野,提高学生的文化艺术修养		
课程内容	本课程涵盖电影的诞生和发展、影视艺术的语言、影视艺术和欣赏等内容		
措施与方法	1. 教学方法上,理论讲授与作品分析相结合,以作品欣赏和作品分析为主,对一些重要作品采用案例教学的方法进行深入分析,组织学生进行讨论,得出结论。 2. 在影片欣赏过程中设计了作品介绍、精彩片段、欣赏探究、资料链接四个环节,以精彩片段和欣赏探究为重点,也可根据具体情况对这四个环节进行适当调整。 3. 经典作品可安排学生课堂讨论,对其思想内涵和艺术特色各抒己见。 4. 影视欣赏以分析主题、人物和部分艺术手法为主。 5. 充分发挥多媒体的作用,从声、光、色各个方面强化欣赏效果		
成果展示	1. 展示学生的影视评论文章。 2. 做小讲师讲解电影片段		

表2 "光影欣赏"学期教学进度安排表

周次	内容
1	世界电影的发展——电影的诞生
2	大陆电影的发展

续表

周次	内容
3	影视艺术的特征
4	影视艺术的语言——镜头 1
5	影视艺术的语言——镜头 2
6	影视艺术的语言——镜头 3
7	影视艺术的语言——镜头 4
8	影视艺术的语言——声音
9	影视艺术的语言——蒙太奇 1
10	影视艺术的语言——蒙太奇 2
11	影视艺术的语言——蒙太奇 3
12	影视艺术的评论

"创意编程"课程实施纲要

青岛燕儿岛路第一小学　高　煊

课程名称:创意编程
授课对象:四至六年级学生

第一部分　前言

2018 年 10 月 31 日,中共中央政治局就人工智能发展现状和趋势举行第九次集体学习。习近平总书记在主持学习时强调,人工智能是引领这一轮科技革命和产业变革的战略性技术,具有溢出带动性很强的"头雁"效应。加快发展新一代人工智能是我们赢得全球科技竞争主动权的重要战略抓手,是推动我国科技跨越发展、产业优化升级、生产力整体跃升的重要战略资源。应支持开展形式多样的人工智能科普活动,鼓励广大科技工作者投身人工智能的科普与推广工作,全面提高全社会对人工智能的整体认知和应用水平。

因此,在中小学阶段开设人工智能相关课程、逐步推广编程教育就成了我们信息技术教育工作者当下的首要任务。学校需要建设和完善人工智能科普基础设施,充分发挥各类人工智能创新基地平台等的科普作用,支持开展人工智能社团活动和竞赛,鼓励进行形式多样的人工智能科普创作。

第二部分　课程设计背景

基于学校学生学习特点,结合青岛市教材的内容,经过几年酝酿,我们设计了一门具有学校特色的创意编程课程。该课程主要以 Mblock 为主,集区市各类信息技术赛事、创客实验室搭建等为一体。

Mblock 是一款积木拖拽化简易编程软件,主要面向 8 ~ 12 岁的儿童,非常适合动画、故事、音乐、仿真物理现象等交互性程序的编写。该课程主要利用 Mblock 软件编写一些有趣的小程序。Mblock 不仅能让学生学会编程指令,更能让学生在探究中进行创意设计,用 Mblock 表达自己的想法,并在学习过程中锻炼逻辑思维能力和动手解决问题的能力。

第三部分　课程目标

一、知识与技能目标

(一)了解机器人的定义、发展历史和种类

研究和讨论机器人的发展趋势以及机器人与人类在解决相关问题上的优缺点。例如,机器人对复杂情况的反应、机器人可以完成哪些人类难以完成的任务等。

(二)能识别机器人的基本构造

说出各类传感器(如声音、光敏、红外、温度、触摸等传感器)的功能及其对人类功能的模拟,能描述机器人各部分的工作原理,如通过传感器搜集信息。了解 Arduino 机器人。

(三)根据生活和学习中的实际需要,设计、动手制作或组装简单的实物机器人

将使用 MBlock 编好的控制程序(使用流程图方式)导入机器人,运行机器人并对机器人及其控制程序进行必要的调试和修改;使用简单易学的程序语言编

制简单的程序控制机器人做出简单动作或解决简单问题。

二、过程与方法目标

（1）创设情境，充分调动学生的学习积极性。
（2）实行任务驱动模式下的分层学习，让每一个孩子都学有所得。
（3）通过自主学习、合作探究发展学生的创新思维。

三、情感态度价值观目标

（1）树立与终身学习和现代社会生活相适应的信息意识，形成积极的信息技术学习态度，养成健康负责的信息技术使用习惯。
（2）通过信息技术学习优化学生的品德。
（3）培养全面发展的学生。

第四部分　课程内容的选编和课时安排

一、课程内容

Mblock 创意编程及 Arduino 机器人搭建和运行。

二、课时安排

本课程共计 17 课时，第 1～7 节课的内容为 Mblock 编程，第 8～16 节课的内容为 Arduino 机器人搭建与调试，第 17 节课展示作品。每周 1 节课。

第五部分　课程实施原则

基于 STEAM 教育的小学 Mblock 创意编程主要是以创作主题为单元构成课程体系。为了在 Mblock 创作中培养学生的多学科知识整合能力、创新创造能力、问题解决能力，教师为学生提供仿编的 Mblock 作品应该符合如下设计开发原则。

一、趣味性

趣味性是 Mblock 编程最显性的特征，如果创作设计出来的 Mblock 作品没有趣味性，那无疑就是抛弃了 Mblock 编程最大的优势。只有教师创作出来的

Mblock 作品是充满趣味性的,才会引起学生学习探索的兴趣,才会主动地去研究探索,也才有可能在学习过程中达到培养各种能力的目标。教师可以创作一些小游戏或者小动画,也可以在音乐、视觉艺术上下功夫。一个好的 Mblock 作品必定在编程技术、声音、画面、剧情安排方面有过人之处。

二、启发迁移性

呈现在课堂中供学生学习仿编使用的 Mblock 作品应该具有启发迁移性。只有具有启发迁移性的 Mblock 作品,为学生学习发挥"脚手架"作用,才能更好地触发学生的想象力,进而达到知识融合创新的培养目的。

三、学科整合性

各学科知识并不是独立用于解决问题,多学科知识融合才能更好地解决问题,这是 STEAM 教育的基本理念。体现 STEAM 教育理念的小学 Mblock 创意编程的显著特点就是跨学科知识整合,Mblock 软件的很多模块都为多学科整合提供了条件,如可以与音乐学科结合的声音模块、与美术学科结合的画笔模块、与数学学科结合的数字与逻辑运算模块等。

四、情境交互性

STEAM 教育强调知识迁移应用于解决实际问题的能力,那么体现 STEAM 教育理念的 Mblock 作品应具有仿生活情境性,为知识向生活迁移运用创造情境。Mblock 作品如果贴近学生生活经验和知识背景,无疑为知识学习与现实生活架起了一座桥梁。学生在仿生活的 Mblock 情境中如果能与 Mblock 作品产生互动,就不仅能感受到 Mblock 编程的乐趣,更能最大限度地促进知识向生活迁移运用,因此 Mblock 作品应具有一定的情境交互性。

第六部分 课程教学实施和课程评价

一、课程教学实施

(一)每节课要有科学的教学目标

教学目标要科学、准确、全面、具体,不仅要有知识与技能目标,还要有过程、方法与能力目标以及情感态度价值观目标。教学目标要具有层次性,符合各类学生的实际情况。课堂一切活动都要围绕教学目标进行,教学目标要统领教学各个环节,贯穿教学活动始终。

(二)要有和谐的课堂氛围

新课程理念特别强调教师要热爱学生、尊重学生,师生之间的关系是民主、平等的;课堂气氛既紧张、严肃,又和谐愉悦;师生间既要有大量的信息交流,又要有充分的情感交流和体验;要充满生气,充满活力。

(三)学生主动参与教学活动

教师要充分调动学生学习的积极性,激发学生内在的学习动力,指导学生开展科学探究活动,形成独立学习、同学间合作学习和师生间共同学习的动态组合。

(四)注重学生学习过程和学习方式的转变

教师要努力改变学生单一接受式的学习方式,倡导学生自主学习、探究学习、合作学习。

(五)要有充分的思维训练教学过程

师生积极互动、共同发展的过程,是提高学生思维能力的过程。教师要创设激发学生思维的条件,发展学生的思维能力。重视培养学生的科学态度及科学精神。

(六)方法最优化,手段现代化

根据需要选择与教学内容相适应的教学方法,实现教学方法的最优化。恰当运用现代信息技术和多媒体手段,调动学生的视觉、听觉、触觉等多种感官参与学习活动。

二、课程评价

"创意编程"课程评价方式主要采用课堂学习项目得分表的方式进行,每节课由小组长负责进行课堂学习情况的检查和统计,最后把每位同学的得分情况呈现在学生活动评价记录表中。学期末教师把课程的所有得分进行统计,选出最佳学习个人和小组进行奖励。

附：

表1 "创意编程"课程计划表

课程名称	创意编程		指导教师	高 煊
上课时间	每周四下午第三时段		上课地点	微机教室
课程目标	研究和讨论机器人的发展趋势以及机器人与人类在解决相关问题上的优缺点。例如,机器人对复杂情况的反应、机器人可以完成哪些人类难以完成的任务等。 能识别机器人的基本构造,说出各类传感器的功能及其对人类功能的模拟原理。 根据生活和学习中的实际需要,设计、动手制作或组装简单的实物机器人			
课程内容	Mblock编程、Arduino机器人搭建和运行			
措施与方法	前期学习软件编程,中期结合Arduino机器人进行软硬件的连接调试,后期让学生自主开发机器人,让学生在硬件基础上体验软件学习所带来的成就感和快乐			
成果展示	期末将各个年级制作的机器人作品进行录像,并在全校播放展示			

表2 "创意编程"学期教学进度安排表

周次	内容
2	走进机器人的世界
3	机器人的组成部分
4	MBlock奇妙之旅(1)
5	MBlock奇妙之旅(2)
6	MBlock奇妙之旅(3)
7	MBlock奇妙之旅(4)
8	彩色LED灯
9	会说话的温度计
10	智能小台灯
11	声控开关
12	奔跑吧!小车
13	走进物联网的世界(1)
14	天才发明家(1)
15	智能的梦中家园(1)
16	开发我的机器人(1)
17	开发我的机器人(2)
18	成果展示

表3 学生活动评价记录(以《木头人不许动》一课为例)

姓名	基础知识	重难点知识	综合运用	作品讲解和展示	改进表现
	1. 会创建舞台 2. 会导入角色 3. 能让角色在舞台上表演不同的动作	1. 会使用广播指令 2. 会给不同角色间建立合理的时间逻辑关系	会通过广播指令制作"木头人不许动"的游戏程序	1. 能够完成作品并进行全班展示 2. 能够熟练介绍自己的作品并分析程序	发现并完善作品中的问题

注:每完成一项得一颗☆。